O Princípio da Dignidade da Pessoa Humana na Perspectiva do Direito como Integridade

MARIA CRISTINA IRIGOYEN PEDUZZI

Ministra do Tribunal Superior do Trabalho. Mestra em "Direito, Estado e Constituição", pela Universidade de Brasília. Presidente Honorária da Academia Nacional de Direito do Trabalho.

O Princípio da Dignidade da Pessoa Humana na Perspectiva do Direito como Integridade

EDITORA
LTr
SÃO PAULO

Dados Internacionais de Catalogação na Publicação (CIP)
(Câmara Brasileira do Livro, SP, Brasil)

Peduzzi, Maria Cristina Irigoyen

O princípio da dignidade da pessoa humana na perspectiva do direito como integridade / Maria Cristina Irigoyen Peduzzi. — São Paulo : LTr, 2009.

Bibliografia.

ISBN 978-85-361-1453-8

1. Brasil — Direito constitucional 2. Dignidade humana. 3. Direitos fundamentais 4. Direitos humanos I. Título.

09-10978 CDU-342.7

Índice para catálogo sistemático:

1. Dignidade da pessoa humana : Principios constitucionais : Direito 342.7

Produção Gráfica e Editoração Eletrônica: R. P. TIEZZI

Capa: FABIO GIGLIO

Impressão: COMETA GRÁFICA E EDITORA

LTr

EDITORA LTDA.

Rua Jaguaribe, 571 — CEP 01224-001— Fone (11) 2167-1101
São Paulo, SP — Brasil — www.ltr.com.br

LTr 4091.1 Novembro, 2009

Ao Madeira

SUMÁRIO

CAPÍTULO III
O PRINCÍPIO DA DIGNIDADE DA PESSOA HUMANA NAS DECISÕES JUDICIAIS

APRESENTAÇÃO

Este livro é uma homenagem à Universidade de Brasília, em especial à sua Faculdade de Direito. Nela, concluí, no longínquo ano de 1975, a graduação em Direito; logo, dois cursos de pós-graduação, ministrados pelos professores *Mozart Victor Russomano, Hugo Gueiros Bernardes* e *Alfredo Buzaid* e exerci o mister de professora de Direito Comercial. Os laços foram além: na mesma Faculdade meu filho graduou--se e titulou-se mestre.

A ela retornei como aluna do mestrado. No dia 18 de março de 2009, defendi a dissertação que me conferiu o grau de mestre em "Direito, Estado e Constituição", apresentada nesta oportunidade com o selo da LTr Editora.

Expresso minha gratidão a todos os que colaboraram.

A Deus, pela vida digna.

Ao *Osmar, Ana Luiza, Felipe* e *Caio Paixão Côrtes*, pelo estímulo, colaboração e carinho, recíprocos.

Aos professores *Alexandre Bernardino Costa, Menelick de Carvalho Netto, Frederico Henrique Viegas de Lima, Marcus Faro de Castro* e *Carlos Alberto Reis de Paula*, da Universidade de Brasília, pelos ensinamentos, que me engrandeceram.

Ao *Juliano Zaiden Benvindo, Ricardo Machado Lourenço Filho* e *Fernando Hugo Rabello Miranda*, pelas boas discussões e revisão do texto.

Foram anos difíceis. Conciliar o exercício da judicatura com as exigências da vida acadêmica é tarefa que impõe renúncias.

A travessia começou em 2005, com os estudos preparatórios à seleção, escolha do tema e elaboração do projeto. Busquei, no Direito Constitucional, temática que envolvesse os direitos humanos, vinculada à Filosofia do Direito e que propiciasse uma discussão atual, em que a experiência como magistrada fosse considerada. O princípio da dignidade da pessoa humana foi logo pensado, na perspectiva do direito como integridade, negando posições axiológicas do direito.

Abrangente, abstrato, inclusivo, o princípio da dignidade da pessoa humana deve ser aplicado sem ignorar o da segurança jurídica. E o projeto teve a preocupação de, admitindo eficácia jurídica concreta ao princípio, fazer a crítica ao subjetivismo nas decisões judiciais.

A primeira vitória foi vencer as três etapas da seleção; logo a seguir, nos anos de 2007 e 2008, cursar as disciplinas e desenvolver a pesquisa.

Foram anos enriquecedores em que li boa literatura jurídica orientada por excelentes professores. Compreende-se melhor o texto, no contexto, com boa metodologia. Fiquei fascinada com a teoria do direito como integridade, desenvolvida por *Ronald Dworkin*, em especial a sua aplicação jurisdicional, referência que me orienta nos julgamentos de que participo.

Por fim, a defesa da dissertação e a experiência de ser questionada pelos membros da banca constituíram episódio marcante, não só por traduzirem a sensação do dever cumprido, mas também pelo estímulo à contínua investigação do tema.

A LTr, que editou meu primeiro livro, em 1983, publica agora este. Espero seja de valia para os leitores que me concedem a alegria de lê-la.

Brasília outubro de 2009.

Maria Cristina Irigoyen Peduzzi

INTRODUÇÃO

A República Federativa do Brasil, constituída em Estado Democrático de Direito, tem na dignidade da pessoa humana um dos seus fundamentos para efetivação dos ideais da democracia, conforme expresso no art. 1º, III, da Constituição da República de 1988.

A crescente aplicação do princípio, quer para colmatar lacunas jurídicas, quer para dar efetividade a direitos assegurados pela lei ou pela Constituição, revela a importância de compreender sua normatividade, buscando coerência na interpretação do direito. Nessa perspectiva, é relevante que o princípio da dignidade da pessoa humana seja concebido a partir de um estudo adequado do significado que ele atingiu com o Estado Democrático de Direito.

Para esse objetivo, optamos pela abordagem do direito como integridade tal como formulado por *Ronald Dworkin*(1) e retrabalhado por *Jürgen Habermas*(2), que, entre outros fatores, destaca a importância de manter consistente o direito na atividade interpretativa do juiz, ao mesmo tempo em que promove sua reconstrução conforme as especificidades do caso concreto. Como esclarece *Menelick de Carvalho Netto*:

> "No paradigma do Estado Democrático de Direito, é preciso requerer do Judiciário que tome decisões que, ao retrabalharem construtivamente os princípios e as regras constitutivos do direito vigente, satisfaçam a um só tempo a exigência de dar curso e reforçar a crença tanto na legalidade, entendida como segurança jurídica, como certeza do direito, quanto no sentimento de justiça realizada, que deflui da adequabilidade da decisão às particularidades do caso concreto."(3)

Ao adotarmos a abordagem do direito como integridade, portanto, a preocupação se volta para a busca de decisões que respeitem o princípio da segurança jurídica e, ao mesmo tempo, satisfaçam a pretensão de legitimidade. Esses dois parâmetros para a prática jurisdicional estão bem indicados por *Jürgen Habermas*: "para preencher a função socialmente integradora da ordem jurídica e da pretensão de legitimidade do direito, os juízos emitidos têm que satisfazer simultaneamente às condições da

---

(1) *Vide* DWORKIN, Ronald. *O império do direito.* Tradução de Jefferson Luiz Camargo. São Paulo: Martins Fontes, 2003.

(2) *Vide* HABERMAS, Jürgen. *Direito e democracia entre facticidade e validade.* Rio de Janeiro: Tempo Brasileiro, 2003. v. 1, p. 241-295.

(3) CARVALHO NETTO, Menelick. A hermenêutica constitucional sob o paradigma do estado democrático de direito. In: *Notícia do direito brasileiro,* Nova Série, n. 6, Brasília: UnB, 2º semestre 1998. p. 245.

aceitabilidade racional e da decisão consistente"[4]. Para satisfazer ambas as condições, adquirem assim relevância os chamados argumentos de princípio, porquanto, como esclarece, "somente os argumentos de princípio, orientados pelo sistema dos direitos, são capazes de conservar o nexo interno que liga a decisão no caso particular com a substância normativa da ordem jurídica em seu todo"[5].

A partir dessas premissas, é necessário situar o princípio da dignidade da pessoa humana no contexto de sua reconstrução histórica, e não, simplesmente, adotar o entendimento de que constitui um superprincípio, compreendido até mesmo como o mais relevante entre todos os princípios jurídicos. A sua utilização indiscriminada pelos tribunais contraria, entre outras, a exigência de segurança jurídica, fundamental no paradigma do Estado Democrático de Direito. O estudo da origem e evolução do princípio da dignidade da pessoa humana proporciona uma importante perspectiva para as questões que florescem no mundo contemporâneo sobre o tema, revelando, ainda, que a argumentação valorativa contém elementos que podem levar a decisões arbitrárias, na medida em que retiram a importância histórica e constitucional, assim como a própria normatividade dos princípios jurídicos.

Desse modo, a pesquisa gira em torno do seguinte questionamento: o que se pode entender por dignidade da pessoa humana? Essa pergunta merece ser examinada, sobretudo pela percepção de que, por meio de uma breve análise de decisões judiciais proferidas no Brasil, sua aplicação adquiriu os mais distintos significados. Pode o princípio que a assegura constituir "superprincípio constitucional", "valor fundante do texto constitucional", "baliza axiológica", "metanorma", "matriz unificadora dos direitos fundamentais, a começar do direito à vida", "princípio tão relevante que admite transbordamento", "supremo valor ético e jurídico"[6] ou mesmo "fundamento basilar do Estado Democrático de Direito"[7].

Questiona-se, por isso, o que essas expressões, que tanto se repetem nos tribunais, querem, na verdade, dizer. Por que, afinal, o princípio da dignidade da pessoa humana é o mais fundamental dos princípios jurídicos, o mais santificado dos direitos constitucionais, o valor mais expressivo do ordenamento pátrio? E qual a consequência desse reconhecimento?

Esta pesquisa visa, em razão desse fato, a situar criticamente esses questionamentos e, na medida em que expõe os riscos da adoção valorativa do princípio, procura apresentá-lo no âmbito da concepção do direito como integridade tal como trabalhada, em especial, por *Ronald Dworkin*. Essa perspectiva, porquanto enfatiza a necessidade de realçar o caráter deontológico deste princípio, contrapõe-se a expressões que, embora aparentemente convincentes, pecam, em muitos casos, por não derivarem de uma compreensão abrangente e íntegra de princípios:

---

(4) HABERMAS. *Op. cit.*, p. 246.

(5) *Idem*, p. 258.

(6) Expressões extraídas dos votos proferidos na ADI n. 3510-0-DF (STF).

(7) Expressão extraída do acórdão nos ERR 439.041/1998 (TST).

"Os juízes que aceitam o ideal interpretativo da integridade decidem casos difíceis tentando encontrar, em algum conjunto coerente de princípios sobre os direitos e deveres das pessoas, a melhor interpretação da estrutura política e da doutrina jurídica da comunidade."(8)

De fato, essa concepção íntegra dos princípios corrobora a noção de ser a Constituição, entendida como "ordenamento geral das relações sociais e políticas"(9), uma reflexão do momento histórico vivido pela sociedade, sendo certo que a compreensão da história tem relevância, sobretudo, para entender o presente e como perspectiva para o futuro.

Niklas Luhmann bem percebeu que:

"(...) os juristas, conquanto tendam a considerar as Constituições mais como objeto de uma construção planejada, encontram-se hoje dispostos a admitir que essa construção não pode ser um processo único, que tenha acontecido de uma só vez, mas que, ao contrário, deve ser posteriormente replanejado através da interpretação e eventualmente através de mutação constitucionais."(10)

Do mesmo modo, conforme *Michel Rosenfeld*:

"(...) para se estabelecer a identidade constitucional através dos tempos é necessário fabricar a tessitura de um entrelaçamento do passado dos constituintes com o próprio presente e ainda com o futuro das gerações vindouras."(11)

Falar em Constituição, portanto, significa aprender com a história do povo, que revela os princípios constitucionais, o que garante a compreensão de que a sociedade deve estruturar-se no ideal de igual consideração e respeito. A história constitucional juntamente com a dimensão de igual consideração e respeito conformam assim a perspectiva do direito como integridade.

Aceitas essas premissas, o objetivo deste trabalho é apresentar um panorama do emprego do princípio da dignidade da pessoa humana, inseri-lo no debate doutrinário e, por fim, refletir criticamente sobre como ele tem sido trabalhado e aplicado pelos tribunais como justificativa da decisão judicial, analisar cada uma delas, distinguindo os argumentos de valor dos argumentos de princípios — até para possibilitar uma reflexão acerca dos limites impostos à atividade jurisdicional pela Constituição da República — e expor algumas conclusões acerca da eficácia normativa concreta do próprio princípio, a ser interpretado em sua premissa deontológica, íntegra e cidadã.

Para esse fim, a pesquisa será desenvolvida em três capítulos.

---

(8) DWORKIN, Ronald. *O império do direito*. Tradução de Jefferson Luiz Camargo. São Paulo: Martins Fontes, 2003, p. 305.

(9) FIORAVANTI, Maurizio. *Constitución. De la antigüedad a nuestros días*. Traducción de Manuel Martínez Neira. Madrid: Trotta, 2001. p 11. (tradução nossa)

(10) LUHMANN, Niklas. La constituzione come acquisizione evolutiva. In: ZAGREBELSKY, Gustavo; PORTINARO, Píer Paolo; LUTHER, Jörg. *Il futuro della Costituzione*. Tradução de Menelick de Carvalho Netto. Torino: Einaudi, 1996. p. 1.

(11) ROSENFELD, Michel. *A identidade do sujeito constitucional*. Belo Horizonte: Mandamentos, 2003. p. 17.

O objetivo do primeiro é situar o princípio da dignidade da pessoa humana no âmbito da história do constitucionalismo, defini-lo contextualmente, relacionar os diplomas que o asseguram e estabelecer sua relação com os paradigmas de Estado e com o direito fundamental à segurança jurídica.

O segundo preocupa-se com o debate doutrinário, apresentando, particularmente, no âmbito nacional, o pensamento de *Ingo Sarlet*, *Ana Paula de Barcellos* e *Humberto Ávila* e, no plano internacional, *Robert Alexy* como posições axiológicas do direito, que trazem uma compreensão hierárquica de princípios jurídicos, em que a dignidade da pessoa humana assume prevalência. Em contraposição, é apresentado um debate sobre a hermenêutica jurídica e, em seguida, o pensamento de *Ronald Dworkin*, em especial sua defesa do direito como integridade. Nesse ponto, sustenta-se que a premissa do direito como integridade se mostra mais interessante para a compreensão do princípio da dignidade da pessoa humana em comparação com as teorias axiológicas antes investigadas, na medida em que propõe a adoção da postura reconstrutiva do princípio a partir desse critério.

O terceiro reporta-se à jurisprudência, em especial do Supremo Tribunal Federal, com referência aos dois julgamentos mais importantes dos últimos tempos, na ADPF n. 54-8-MC/DF, em sede cautelar, sobre a possibilidade de antecipação terapêutica do parto de feto anencéfalo, e na ADI n. 3510-0-DF, acerca da utilização de células embrionárias para fins de pesquisas científicas, em que o princípio da dignidade da pessoa humana constituiu o fundamento central dos votos vencidos e vencedores. São casos judiciais em que o debate sobre o princípio ficou bem explícito, identificando como concepções de valor aparecem nas justificativas de votos e como se poderia pensar, no contexto, a premissa do direito como integridade.

Por fim, são apresentadas conclusões na linha do entendimento já externado, de que a abordagem do direito como integridade se apresenta como uma resposta contrária à atuação discricionária do julgador, que deve proferir uma decisão conforme ao que determina o direito. A teoria de *Dworkin*, por isso, serve perfeitamente a esse propósito, porquanto se fundamenta em princípios concebidos como normas deontológicas, e, pois, de natureza obrigacional, propiciando assim uma reconstrução racional do passado para possibilitar, na atualidade, aplicar o direito com o sentido de perenidade. Afinal:

> "O princípio judiciário da integridade instrui os juízes a identificar direitos e deveres legais, até onde for possível, a partir do pressuposto de que foram todos criados por um único autor — a comunidade personificada —, expressando uma concepção coerente de justiça e equidade."(12)

Por outro lado, a perspectiva da democracia participativa proposta por *Jürgen Habermas*, relacionada à participação pública na construção do direito, complementa essa compreensão, ao mesmo tempo em que justifica a adoção e aplicação do princípio

(12) DWORKIN. *Op. cit.*, p. 271/272.

da dignidade da pessoa humana, enfocado como uma garantia à democracia ao viabilizar a implementação da igualdade, desde que, contudo, seja ele também objeto de discussão nos procedimentos voltados ao entendimento recíproco e, não, apenas apresentado como um princípio mais relevante que todos os demais.

O propósito, portanto, desta investigação é mostrar que o princípio da dignidade da pessoa humana, que é tão fundamental para o Estado Democrático de Direito, necessita ser interpretado com base na premissa do direito como integridade, que lhe confere a devida carga deontológica, obrigacional, ao mesmo tempo em que indica sua reconstrução histórica e em coerência com o desenvolvimento do direito. Deseja-se, também, propor uma crítica à concepção hoje prevalente nos tribunais: de que o princípio da dignidade da pessoa humana, concebido axiologicamente, é um fundamento superior aos demais, o que pode conduzir ao exercício discricionário e arbitrário da jurisdição.

Capítulo I

O Princípio da Dignidade da Pessoa Humana: Definição, Contextualização Histórica e Legal

1.1. Definição de dignidade da pessoa humana

Ingo Sarlet concebeu a seguinte definição de dignidade da pessoa humana:

> "Temos por dignidade da pessoa humana a qualidade intrínseca e distintiva reconhecida em cada ser humano que o faz merecedor do mesmo respeito e consideração por parte do Estado e da comunidade, implicando, neste sentido, um complexo de direitos e deveres fundamentais que assegurem a pessoa tanto contra todo e qualquer ato de cunho degradante e desumano, como venham a lhe garantir as condições existenciais mínimas para uma vida saudável, além de propiciar e promover sua participação ativa e co-responsável nos destinos da própria existência e da vida em comunhão com os demais seres humanos."(13)

Verifica-se que a definição de dignidade da pessoa humana, segundo *Ingo Sarlet*, está associada ao reconhecimento de cada indivíduo como merecedor de igual consideração e respeito pelo Estado e pela comunidade e que, por isso, se apresenta em uma plêiade de direitos garantidos constitucionalmente. Apesar dessa inicial constatação da conexão entre a dignidade da pessoa humana e a premissa de igual consideração e respeito, dada a sua generalidade e dinâmica própria, resultante da própria complexidade do constitucionalismo, pensamos que não há definição precisa nem delimitação de seu alcance na lei, na doutrina ou na jurisprudência. Na ordem jurídica estatal e internacional, de qualquer modo, tem se apresentado como princípio

(13) SARLET, Ingo Wolfgang. *Dignidade da pessoa humana e direitos fundamentais na Constituição Federal de 1988.* 5. ed. Porto Alegre: Livraria do Advogado, 2007. p. 62.

fundamental. Na atualidade, ademais, tem sido continuamente empregado como fundamento para justificar distintas decisões judiciais. Sua utilização é associada, usualmente, a expressões como "fundamento basilar do direito", "princípio essencial da ordem jurídica", "direito inalienável do ser humano", entre outras.

Para *Cármen Lúcia Antunes Rocha*:

"O princípio da dignidade da pessoa humana entranhou-se no constitucionalismo contemporâneo, daí partindo e fazendo-se valer em todos os ramos do direito. A partir de sua adoção se estabeleceu uma nova forma de pensar e experimentar a relação sociopolítica baseada no sistema jurídico; passou a ser princípio e fim do Direito contemporaneamente produzido e dado à observância no plano nacional e no internacional."(14)

Ao se adotar o critério da interpretação ampla, o princípio da dignidade da pessoa humana compreenderia direitos fundamentais assegurados pelo art. 5º e seus incisos, da Constituição da República, como o direito à vida, à honra, à imagem e à personalidade. É concebido, nessa percepção, como direito abstrato, entendimento que tem prevalecido na doutrina e na jurisprudência. *Ronald Dworkin* justifica a denominação desses direitos, "de *prima facie* ou abstratos", na possibilidade de poderem "entrar em conflito: o exercício de meu direito pode invadir ou restringir o seu, caso em que se coloca a questão de saber qual de nós tem o direito real ou concreto de fazer o que quiser"(15).

Algumas teorias buscam dar interpretação originária ao princípio. Os defensores do jusnaturalismo sustentam, por exemplo, que se trata de direito inerente à condição do ser humano, o que independeria do direito positivo. Esse, aliás, é o posicionamento que se repete com bastante frequência nos tribunais(16).

Admitindo-se o jusnaturalismo na sua amplitude intrínseca, importaria, contudo, defender que o juiz pode criar o direito, o que contraria a teoria da integridade de *Dworkin* e não se compatibiliza com os valores estabelecidos pelo Estado Democrático de Direito, que pressupõe a divisão de poderes, ambos adiante examinados. Ademais, resultaria também em uma confusão do princípio com um valor irrefletido, o que retira muito da carga deontológica que deve prevalecer nos princípios jurídicos.

Em contraposição a concepções que procuram estabelecer um valor *a priori* para a própria compreensão do princípio da dignidade da pessoa humana, a premissa da **integridade** proposta por *Dworkin*, que pode muito bem ser aplicada na compreensão desse princípio, "instrui os juízes a identificar direitos e deveres legais, até onde for possível, a partir do pressuposto de que foram todos criados por um único autor — a comunidade personificada —, expressando uma concepção coerente de justiça e

(14) ROCHA, Cármen Lúcia Antunes. O princípio da dignidade da pessoa humana e a exclusão social. In: *Revista Interesse Público*, n. 4, p. 24, 1999.

(15) *Op. cit.*, p. 353.

(16) Assim, o direito de receber medicamentos do Estado, assegurado independentemente de positivação.

equidade".[17] Não se trata, por isso, de um valor *a priori*, mas de uma construção que se faz institucionalmente por meio do direito, que é reinterpretado e reconstruído em cada novo momento do exercício da jurisdição, sempre buscando manter consistente o ordenamento jurídico.

Por isso, se a definição do princípio da dignidade da pessoa humana revela-se tão complexa, a causa principal é a própria complexidade em que o constitucionalismo se insere, que deve ser continuamente reconstruído de modo a espelhar uma concepção íntegra de uma comunidade política em cada novo tempo.

Portanto, não é possível encontrar de antemão uma definição para a dignidade da pessoa humana; é preciso compreendê-la dentro de seu desenvolvimento no tempo e identificar como ela pode se relacionar com a teoria do direito como integridade, que revela preocupação com a segurança jurídica, sem, contudo, fechar a interpretação para necessárias modificações que a sociedade exige. Assim, faz-se necessário adentrar no seu desenvolvimento histórico, a partir do constitucionalismo, para melhor compreendê-la.

1.2. Exame histórico do princípio da dignidade da pessoa humana

Para se compreender o princípio da dignidade da pessoa humana, é fundamental que se faça uma análise de como seu conceito e conteúdo têm sido interpretados e reconstruídos ao longo da história. Esse estudo permitirá verificar como a história associou esse princípio a vários critérios valorativos e como, a partir da análise de sua evolução ao longo dos paradigmas constitucionais, se pode antever como ele deve ser interpretado conforme a premissa do direito como integridade.

Em primoroso estudo sobre a dignidade humana na história do pensamento, o professor *Gregorio Peces-Barba Martínez* sustenta que o sentido atual da dignidade se obtém "do trânsito à modernidade, donde surge o conceito de homem centrado no mundo e centro do mundo, de onde a dignidade estar acompanhada pela ideia de laicidade"[18].

Em sua análise, afirma que na Antiguidade aparece "outra ideia de dignidade, como honra, causa ou título, a imagem que cada um representa ou se lhe reconhece na vida social", mas já encontra na filosofia antiga e medieval referência à ideia do homem como perfeito e distinto dos restantes animais e da natureza, invocando, no Oriente, *Lao-Tsé* e Confúcio; no Antigo Testamento, o Gênesis e os Salmos, estes, pondo em relevo "a possível vinculação e conexão da origem da religião com a ideia de dignidade"[19]. Nesse ponto, percebe-se a relação da dignidade com a premissa cristã de ser ela derivada do Criador.

---

(17) *Idem*, p. 271/272.

(18) MARTÍNEZ, Gregorio Peces-Barba. *La dignidad de la persona desde la filosofía del derecho*. 2. ed. Madrid: Dykinson, Instituto de Derechos Humanos "Bartolomé de Las Casas", Universidad Carlos III, 2003. p. 21. (tradução nossa)

(19) *Idem*, p. 21/22.

No pensamento ocidental, na Grécia, desde *Péricles*, "reaparece a ideia de superioridade, de novo o homem centro do mundo, mas também a de comunicação e linguagem, que são um dos elementos que configuram a dignidade"[20]. Com *Platão*, tem-se, a partir da admissão da "proximidade de um tipo de homens, os filósofos, à divindade, o que os converte em justos e piedosos com o apoio da razão"[21].

Na Antiguidade clássica desenvolveu-se um conceito de dignidade centrada no homem e não na sua posição social, a exemplo da concepção cristã do Gênesis, de que Deus criou o homem à sua imagem e semelhança.

Cícero, segundo *Barba Martínez*, "delineia algumas das ideias que com a recepção do pensamento estóico servirão no Renascimento para o lançamento da ideia moderna de dignidade", partindo "da superioridade da natureza humana sobre a dos demais animais, que está na raiz da ideia do homem como centro do mundo"[22]. *Ingo Wolfgang Sarlet* sublinha, no mesmo sentido, que "a ideia do valor intrínseco da pessoa humana deita raízes já no pensamento clássico e no ideário cristão"[23].

Acentua *Barba Martínez* que:

> "estas ideias da cultura romana se integrarão no humanismo renascentista, que trata diretamente do tema da humanidade, do homem centro do mundo. Este depósito se recuperará depois que, na Idade Média, o cristianismo outorgará ao homem uma singularidade primordial, derivada de sua condição infinita à imagem e semelhança de Deus. Mas essa dignidade não derivará de um mérito próprio, nem de sua posição social, nem se embaça por seu estatuto de pecador; não será uma dignidade própria, mas derivada da imagem de Deus, projetada sobre as criaturas."[24]

Acresce:

> "A única dignidade existente, ao menos até os séculos XIII e XIV, é de origem externa, a heterônoma baseada na imagem de Deus ou na de dignidade como honra, cargo ou título, como aparência ou como imagem que cada um representa ou se lhe reconhece na vida social."[25]

Exemplo é a obra de *São Tomás de Aquino* em que a concepção de dignidade humana assenta na circunstância de o ser humano haver sido criado à imagem e semelhança de Deus e na sua capacidade de autodeterminação. A origem religiosa do

---

(20) *Idem*, p. 23.

(21) *Idem*, p. 24.

(22) *Idem*, p. 25. Ressalva o prof. que em Roma se consolida outra perspectiva, que também aparece na Grécia pré-clássica, na cultura homérica (nos poemas de Tirteo e Píndaro) de apoio exterior, mais material, de dignidade "vinculada a um título ou a uma função preeminente que se expressa em majestade e seriedade".

(23) SARLET, Ingo. *Op. cit.*, p. 29.

(24) MARTÍNEZ, Barba. *Op. cit.*, p. 26/27.

(25) *Op. cit.*, p. 27.

princípio, fundada na superioridade bíblica do homem sobre os demais seres da natureza, é uma constatação, que adquire, com *São Tomás de Aquino*, um elemento racional.

Refere *Barba Martínez* que "a dignidade humana, no trânsito à Modernidade, começa a adquirir seu perfil moderno e a abandonar progressivamente a das dignidades dependentes derivadas ou heterônomas que se constatam na Idade Média". Mas é no século XVIII, denominado século das luzes, com o iluminismo sinalizando que o homem tem luz própria, que o conceito efetivamente se desenvolve e consagra com o perfil moderno(26). O homem é visto como "razão, superioridade sobre os demais animais, e diferenças como a linguagem, a capacidade de decidir e de escolher, a obtenção do conhecimento e a construção de conceitos gerais são os elementos que, naquela incipiente laicidade os situa como seres criados à imagem e semelhança de Deus"(27).

O desenvolvimento da concepção de dignidade da pessoa humana no século XVIII foi acompanhado do processo de difusão de ideias que resultou no constitucionalismo. Os direitos fundamentais, nesse contexto, foram produto das revoluções burguesas do final do século XVIII e integraram as constituições modernas como forma de proteção jurídica da liberdade e da propriedade. Aliás, como bem acentua *Luhmann*, "segundo uma difundida concepção, aparentemente incontroversa, as Constituições no sentido moderno nascem apenas no século XVIII" e "à fundamentalização dos direitos individuais que começa na Inglaterra do século XVII seguir-se-á simplesmente a sua constitucionalização"(28).

Ingo Sarlet sublinha que "no âmbito do pensamento jusnaturalista dos séculos XVII e XVIII, a concepção da dignidade da pessoa humana, assim como a ideia do direito natural em si, passou por um processo de racionalização e laicização" e é "com *Kant* que, de certo modo, se completa o processo de secularização da dignidade, que, de vez por todas, abandonou suas vestes sacrais"(29).

Para *Immanuel Kant*, a santidade é atributo da dignidade. Segundo *Ingo Sarlet*, "construindo sua concepção a partir da natureza racional do ser humano, *Kant* sinala que a autonomia da vontade, entendida como a faculdade de determinar a si mesmo e agir em conformidade com a representação de certas leis, é um atributo apenas encontrado nos seres racionais, constituindo-se no fundamento da dignidade da natureza humana". Limita "nessa medida todo o arbítrio (e é um objeto de respeito)"(30). O tratamento da dignidade com a racionalidade moral pode se verificar na obra *Fundamentação da metafísica dos costumes* de *Kant*:

---

(26) *Idem*, p. 28.

(27) *Idem*, p. 35.

(28) LUHMANN. *Op. cit.*, p. 2.

(29) SARLET, Ingo. *Op. cit.*, p. 32/33.

(30) *Idem*, p. 33.

> "No reino dos fins tudo tem um **preço** ou uma **dignidade.** Quando uma coisa tem um preço, pode-se pôr em vez dela qualquer outra como *equivalente*; mas quando uma coisa está acima de todo o preço, e portanto não permite equivalente, então tem ela dignidade.
>
> (...)
>
> Ora, a moralidade é a única condição que pode fazer de um ser racional um fim em si mesmo, pois só por ela lhe é possível ser membro legislador no reino dos fins. Portanto a moralidade, e a humanidade enquanto capaz de moralidade, são as únicas coisas que têm dignidade."(31)

O conceito de dignidade da pessoa humana tem, assim, uma de suas bases na doutrina de *Kant*, visualizado o homem na sua racionalidade, como um fim em si mesmo.

Sarlet destaca a noção desenvolvida por *Hegel*, no século XIX, na sua *Filosofia do Direito*, em contraposição à *Kant*, de:

> "Uma noção de dignidade centrada na ideia de eticidade (instância que sintetiza o concreto e o universal, assim como o individual e o comunitário), de tal sorte que o ser humano não nasce digno — já que *Hegel* refuta uma concepção estritamente ontológica da dignidade —, mas torna-se digno a partir do momento em que assume sua condição de cidadão."(32)

É interessante considerar o aspecto introduzido por *Hegel* como condicionante do princípio de que não é suficiente ao conceito de dignidade da pessoa humana o simples nascimento com vida: é necessário ser sujeito de direitos; ser cidadão.

A ideia de cidadania, assim, inaugura um aspecto fundamental envolvendo a dignidade da pessoa humana: vincula seu conceito às bases de um constitucionalismo que se reconstrói com base na participação popular em torno dos direitos. Ao mesmo tempo, mostra que a ideia de dignidade da pessoa humana, ao se ligar ao constitucionalismo e à ideia de cidadania, perde, de pouco em pouco, essa noção de um valor *a priori* e passa a poder ser visto como uma construção histórica que está ligada ao próprio desenvolvimento do constitucionalismo. Sobre essa questão, é interessante fazer uma breve exposição sobre a própria ideia de Constituição e como isso se relaciona ao princípio da dignidade da pessoa humana.

Segundo *Niklas Luhmann*, a Constituição representa a aquisição evolutiva que, de um lado, viabilizou o fechamento operativo do direito e da política, e, de outro, permitiu o acoplamento estrutural desses sistemas. Ela está vinculada a uma situação histórica significativamente específica: as condições políticas da periferia estadunidense. O problema a ser enfrentado era superar o "vácuo" gerado com a independência quanto

---

(31) KANT, Immanuel. *Fundamentação da metafísica dos costumes.* Tradução de Paulo Quintela. Lisboa: Edições 70, 2005. p. 77/78.

(32) SARLET, Ingo. *Op. cit.*, p. 37.

à Inglaterra. Uma constituição escrita era exatamente o instrumento adequado, permitindo, ao mesmo tempo, a criação dos estados em termos individuais e nacionalmente. Ademais, a ênfase na unidade do texto constitucional conduziu à distinção entre o direito constitucional e os demais direitos[33].

Dieter Grimm observa que:

> "Só com as revoluções de finais do século XVIII na América do Norte e França, que aboliram pela força a soberania hereditária e erigiram uma nova sobre a base da planificação racional e a determinação escrita do direito, se consumou a transição desde um conceito de ser a um de dever ser. Desde então a Constituição passa a identificar-se com o conjunto de normas que regula de modo fundamental a organização e o exercício do poder estatal, assim como as relações entre o Estado e a sociedade."[34]

Além disso, a Constituição permite, ainda com *Luhmann*, o abandono da questão do fundamento último do direito:

> "A Constituição deve deslocar aqueles sustentáculos externos que haviam sido postulados pelo jusnaturalismo. Ela substitui quer o direito natural em sua versão cosmológica mais tradicional, quer o direito racional com o seu concentrado de teoria transcendental que se autorrefere a uma razão que julga a si própria. No lugar dessa última, subentra um texto parcialmente autológico. Isso é, a Constituição fecha o sistema jurídico ao discipliná-lo como um âmbito no qual ela, por sua vez, reaparece. Ela constitui o sistema jurídico como sistema fechado mediante o seu reingresso no sistema. (...) isso se verifica ou através de regras de colisão que garantem o primado da Constituição; ou mediante disposições relativas à alterabilidade/não alterabilidade da Constituição; e ainda: mediante a previsão constitucional de um controle de constitucionalidade do direito; e não em último lugar: ao invocar solenemente a instância constituinte e a sua vontade como vinculantes de *per se*. A Constituição reconhece a si própria."[35]

Podemos afirmar, a partir dessa análise, que o princípio da dignidade da pessoa humana, de pouco em pouco, se desvincula dos fundamentos de caráter religioso e jusnaturalistas. Ele passa a ser um conceito que se constrói no tempo juntamente com o próprio constitucionalismo, que substitui o direito natural e passa a se regular por si próprio. Nesse sentido, a concepção de dignidade da pessoa humana que veio a prevalecer nos ordenamentos constitucionais dos Estados Democráticos de Direito foi que o ser humano, independentemente de qualquer outro atributo, é destinatário dos direitos decorrentes da adoção do princípio da dignidade da pessoa humana pela ordem constitucional. É a Constituição, deontologicamente, que confere esse

---

(33) LUHMANN. *Op. cit.*, p. 4/7.

(34) GRIMM, Dieter. *Constitucionalismo y derechos fundamentales*. Traducción de Raúl Sanz Burgos y José Luis Muñoz de Baena Simón. Madrid: Trotta, 2006. p. 27/28. (tradução nossa)

(35) LUHMANN. *Op. cit.*, p. 10/11.

direito, e não uma ordem sobrenatural ou inerente ao ser humano. Desse modo, uma leitura possível do princípio é que os seus desdobramentos e evolução estão relacionados à forma como a própria Constituição e seus direitos fundamentais foram sendo interpretados ao longo dos diversos paradigmas constitucionais, em especial, o Estado de Direito, o Estado Social e o Estado Democrático de Direito.

Antes, contudo, de analisarmos a evolução deste princípio ao longo dos distintos paradigmas constitucionais, torna-se importante — uma importante abordagem sobre como ele vem sendo assegurado nos diplomas jurídicos. A positivação do princípio revela o quanto seu conteúdo se tornou uma baliza para a própria compreensão do constitucionalismo e, em especial, da realização dos direitos humanos.

1.3. Diplomas que asseguraram o princípio

1.3.1. Declarações de direitos. Convenções internacionais

O princípio da dignidade da pessoa humana não é novo.

A Declaração dos Direitos do Homem e do Cidadão, adotada pela Assembleia Nacional Constituinte em 26 de agosto de 1789 é o ideário da Revolução Francesa e da defesa dos direitos individuais. Refere, no art. 6º, a dignidade: "sendo todos os cidadãos iguais a seus olhos, são igualmente admissíveis a todas as dignidades, postos e empregos públicos, segundo sua capacidade e sem nenhuma outra distinção que as de suas virtudes e talentos". O art. 16 complementa: "Toda sociedade que não assegura a garantia dos direitos nem determina a separação dos poderes, não tem Constituição".

No preâmbulo da 1ª Constituição Republicana Francesa de 1791, consagrou-se compromisso com a liberdade e a igualdade, sem distinções de classes ou hereditárias, o que resulta expresso no Título I da Constituição, que assegura direitos fundamentais à liberdade na sua acepção a mais ampla possível e à propriedade privada, valorizando-se o homem. No item 1, garante, como direito natural e civil "que todos os cidadãos são admissíveis aos postos e empregos sem outra distinção que a de suas virtudes e talentos".

A ideia, como hoje, foi englobar proteções em um só princípio, assegurado como direito fundamental, para, dessa forma, numa concepção que não foi alterada no correr dos séculos, proteger os indivíduos contra o arbítrio do Estado e os abusos.

Para *Othon de Azevedo Lopes*:

"Não é exagero afirmar que, a partir de então, consolidou-se uma nova concepção de Direito e de Estado, com a introdução de novos institutos e conceitos, tais como Constituição e divisão de poderes, e com a revisão das antigas formulações jurídicas e políticas para que estas se adaptassem à nova ideia de dignidade da pessoa humana. A sociedade e os institutos jurídicos anteriores estavam impregnados por uma concepção estamental da sociedade e por privilégios de origem divina. Em função da consolidação da ideia de dignidade da pessoa humana e seus desdobramentos, formou-se uma nova ordem para possibilitar a implantação da liberdade e da igualdade. Surgia assim, efetivamente, um direito público, sendo o direito privado reformulado e consolidado sob essa perspectiva liberal."(36)

Um exemplo importante da abrangência que adquiriu o princípio da dignidade da pessoa humana pode ser encontrado na Carta Encíclica *Rerum Novarum* do Papa *Leão XIII*, sobre a Condição dos Operários, de 15 de maio de 1891, que assume o princípio da dignidade da pessoa humana no contexto religioso. Destaca-se a referência à Encíclica, considerada a sua importância como instrumento de valorização do trabalhador, no contexto da Revolução Industrial. Dada em Roma, no final do século XIX, em plena vigência do Estado Liberal, a Encíclica está conforme com o ideário político liberal de seu tempo, propugnando direitos sociais mínimos. Constatados os efeitos nefastos das Revoluções Industriais, pela precariedade das condições de trabalho, aos operários, propôs soluções conformes com a justiça e com a equidade, condenou a cobiça e a concorrência desenfreadas, combateu o socialismo, o comunismo e as greves, defendeu a propriedade particular, o trabalho como meio universal de prover às necessidades da vida e o justo salário.

Tratou da proteção da família pelo Estado, da Igreja e da questão social e pregou a harmonia e equilíbrio entre as duas classes, acentuando que "não pode haver capital sem trabalho, nem trabalho sem capital".

Ao descrever os deveres dos operários e patrões, referiu a dignidade: "Quanto aos ricos e aos patrões, não devem tratar o operário como escravo, mas respeitar nele a dignidade do homem, realçada ainda pela do Cristão", que mereceu capítulo próprio — Dignidade do Trabalho – para realçar "que a verdadeira dignidade do homem e a sua excelência residem nos costumes, isto é, na sua virtude".

A dignidade, como vista e adotada pela Encíclica *Rerum Novarum*, tem conotação religiosa, de respeito ao ser humano enquanto cristão, vinculando-a, no que diz respeito ao trabalhador, às virtudes inerentes aos seres humanos.

Luiz Werneck Vianna sobre a Encíclica *Rerum Novarum*, afirma que se inseria na base da nova práxis católica que fundamentava a teoria do poder indireto da Igreja(37).

Sob outro enfoque, além dessa ligação com a separação entre o direito público e o privado e a conotação religiosa, o princípio da dignidade da pessoa humana ganhou espaço no plano internacional como princípio estruturante do Estado.

Um importante exemplo é a Constituição da OIT, texto aprovado na 29ª Conferência Internacional do Trabalho, em Montreal, em 1946, que tem como Anexo

(36) LOPES, Othon de Azevedo. A dignidade da pessoa humana como princípio jurídico fundamental. In: *Estudos de direito público. Direitos fundamentais e estado democrático de direito.* Porto Alegre: Síntese, 2003. p. 197/198.

(37) Cf. VIANNA, Luiz Werneck. *Liberalismo e sindicato no Brasil.* 3. ed. Rio de Janeiro: Paz e Terra, 1989. p. 156/157.

a Declaração referente aos fins e objetivos da Organização, que fora aprovado na 26ª Conferência, na Filadélfia, em 10.5.1944, e que dispõe, no item II, *a*: "Todos os seres humanos de qualquer raça, crença ou sexo, têm o direito de assegurar o bem-estar material e o desenvolvimento espiritual dentro da liberdade e da dignidade, da tranquilidade econômica e com as mesmas possibilidades".

Outro exemplo encontra-se na Carta da ONU, feita na cidade de São Francisco em 26 de junho de 1945, em cujo limiar do Preâmbulo se lê:

> "Nós, os povos das Nações Unidas, decididos a preservar as gerações vindouras do flagelo da guerra, que, por duas vezes, no espaço da nossa vida, trouxe sofrimentos indizíveis à humanidade e a reafirmar a fé nos direitos fundamentais do homem, na dignidade e no valor do ser humano, na igualdade de direitos dos homens e das mulheres, assim, como das nações grandes e pequenas...".

Na Declaração Universal dos Direitos do Homem, aprovada em 10.12.1948, § 5º do Preâmbulo, está expresso:

> "Considerando que os povos das Nações Unidas reafirmaram, na Carta, sua fé nos direitos fundamentais do homem, na dignidade e no valor da pessoa humana e na igualdade de direito do homem e da mulher, e que decidiram promover o progresso social e melhores condições de vida em uma liberdade mais ampla...".

No mesmo sentido, o Pacto Internacional dos Direitos Econômicos, Sociais e Culturais, aprovado na XXI Sessão da Assembleia Geral das Nações Unidas, em New York, no dia 19.12.1966, no § 1º do Preâmbulo:

> "Considerando que, em conformidade com os princípios proclamados na Carta das Nações Unidas, o reconhecimento da dignidade inerente a todos os membros da família humana e dos seus direitos iguais e inalienáveis constitui o fundamento da liberdade, da justiça e da paz no mundo. Reconhecendo que esses direitos decorrem da dignidade inerente à pessoa humana..."

Na Declaração e Programa de Ação de Viena, aprovada pela Conferência Mundial de Direitos Humanos em 25.6.1993, consta que "todos os direitos humanos têm sua origem na dignidade e no valor da pessoa humana".

Ver também as seguintes Convenções da OIT: Convenção n. 104 da OIT, sobre a abolição das sanções penais no trabalho indígena, aprovada em 1955, no Preâmbulo; Convenção n. 107 da OIT, sobre populações indígenas e tribais, aprovada em 1959, no Preâmbulo; Convenção n. 111 da OIT, sobre discriminação em matéria de emprego e ocupação, aprovada em 1958, no Preâmbulo; Convenção n. 122 da OIT, sobre política de emprego, aprovada em 1964, no Preâmbulo; Convenção n. 156 da OIT, aprovada em 1981, no Preâmbulo.

Na Declaração dos Princípios Fundamentais de Direito do Trabalho e da Seguridade Social, aprovada em Querétaro, República Mexicana, em 26.9.1974, nos Princípios gerais, item 5, está expresso:

"O direito do trabalho e da seguridade social têm como base o princípio de que o trabalho não é uma mercancia, senão a atividade material e intelectual do homem dirigida à criação de toda classe de bens e valores, e como meta a justiça social, cuja essência consiste na garantia da saúde, da vida, da igualdade, da liberdade e da dignidade humana e o asseguramento de condições e prestações que capacitem aos homens para desenvolver integralmente suas aptidões e faculdades e compartir os benefícios do progresso econômico da civilização e da cultura."

A Carta Fundamental de Bonn, no art. 1º, I, positivou o princípio: "A dignidade da pessoa humana é inviolável. Respeitá-la e protegê-la é a obrigação de todos os Poderes estatais".

A Carta dos Direitos Fundamentais da União Europeia, promulgada em dezembro de 2000, em Nice, no art. 1º, assegura: "A dignidade do ser humano é inviolável. Deve ser respeitada e protegida".

1.3.2. Direito positivo no Brasil. O princípio na Constituição da República de 1988

A primeira Constituição que refere expressamente a ideia de dignidade da pessoa humana é a de 1934, no art. 115:

> "Art. 115 — A ordem econômica deve ser organizada conforme os princípios da Justiça e as necessidades da vida nacional, de modo que possibilite a todos existência digna. Dentro desses limites, é garantida a liberdade econômica."

Em redação bastante parecida, a Constituição de 1946 dispôs, no art. 145:

> "Art. 145 — A ordem econômica deve ser organizada conforme os princípios da justiça social, conciliando a liberdade de iniciativa com a valorização do trabalho humano.
>
> Parágrafo único — A todos é assegurado trabalho que possibilite existência digna. O trabalho é obrigação social."

Já a Carta de 1967 invoca de forma mais direta a dignidade da pessoa humana, no art. 157 (seu inciso II foi repetido no art. 160 da Emenda Constitucional de 1969):

> "Art. 157 — A ordem econômica tem por fim realizar a justiça social, com base nos seguintes princípios:
>
> (...)
>
> II — valorização do trabalho como condição da dignidade humana."

A Constituição de 1988 é a primeira a erigir o princípio da dignidade da pessoa humana a fundamento da República Federativa do Brasil, como previsto no art. 1º, III:

"A República Federativa do Brasil, formada pela união indissolúvel dos Estados e Municípios e do Distrito Federal, constitui-se em Estado Democrático de Direito e tem como fundamentos:

I — a soberania;

II — a cidadania;

III — a dignidade da pessoa humana;

IV — os valores sociais do trabalho e da livre iniciativa;

V — o pluralismo político.

Parágrafo único. Todo o poder emana do povo, que o exerce por meio de representantes eleitos ou diretamente, nos termos desta Constituição."

O Estado brasileiro está estruturado no princípio do Estado democrático de direito. Para *Arion Sayão Romita*:

"A dignidade da pessoa humana atua como fundamento do princípio estruturante do Estado democrático de direito e, em consequência, impregna a totalidade da ordem jurídica, espraia-se por todos os ramos do direito positivo e inspira não só a atividade legislativa como também a atuação do Poder Judiciário."(38)

Compreendido como o princípio da dignidade da pessoa humana; tem sido positivado no âmbito internacional e nacional, o passo seguinte é compreendê-lo em sua evolução de acordo com os paradigmas constitucionais. Essa análise explicará, com mais detalhes, como essas transformações, verificadas no direito positivo, relacionam-se com a própria história.

1.4. A noção de paradigma e sua relação com o direito

Antes de examinarmos os paradigmas do Estado propriamente, é importante introduzir como *Thomas Kuhn* e *Jürgen Habermas* abordam o tema sobre os paradigmas e, em especial, os paradigmas do direito.

Para *Thomas Kuhn*, "pode-se conceber a noção de paradigma como uma realização concreta, um exemplar"(39), "enfatizando a necessidade de estudar-se a estrutura comunitária da ciência" e "a necessidade de um estudo similar (e acima de tudo comparativo) das comunidades correspondentes em outras áreas"(40), concluindo que para entender o conhecimento científico "precisamos conhecer as características essenciais dos grupos que o criam e utilizam"(41).

(38) ROMITA, Arion Sayão. *Direitos fundamentais nas relações de trabalho.* São Paulo: LTr, 2005. p. 251.

(39) KUHN, Thomas S. *A estrutura das revoluções científicas.* 9. ed. Tradução de Beatriz Vianna Boeira e Nelson Boeira. São Paulo: Perspectiva, 2006. p. 258.

(40) *Idem*, p. 259.

(41) *Idem*, p. 260.

Jürgen Habermas identifica que "na medida em que funcionam como uma espécie de pano de fundo não temático, os paradigmas jurídicos intervêm na consciência de *todos* os atores, dos cidadãos e dos clientes, do legislador, da justiça e da administração"[(42)].

A compreensão paradigmática do direito é proposta por *Habermas*, que acentua:

"A atualização histórica da mudança de paradigmas fez com que a compreensão paradigmática do direito perdesse o caráter de saber regulador *intuitivo*, que serve apenas como pano de fundo. De sorte que a disputa acerca da correta compreensão paradigmática do direito transformou-se num tema explícito da doutrina jurídica."[(43)]

E explicita:

"Para caracterizar a compreensão paradigmática do direito, própria a determinada época social, introduziram-se as expressões: 'ideal social', 'visão social' ou, simplesmente, 'teoria'. Todas têm a ver com as concepções implícitas de cada pessoa acerca da própria sociedade e conferem uma perspectiva à prática da criação e da aplicação do direito, ou melhor, conferem orientação ao projeto geral de concretização de uma associação de parceiros do direito, livres e iguais."[(44)]

Assim, pode-se entender paradigma como um pano de fundo consensual, que orienta o agir à realização de determinados fins. Trata-se, conforme *Habermas*, de uma "orientação ao projeto geral de concretização de uma associação de parceiros do direito, livres e iguais". No âmbito do constitucionalismo, os diversos paradigmas influenciam fortemente os modos de atuação das instituições jurídicas em torno do direito e, também, a forma como os indivíduos se portam perante o direito. Essas modificações, que acompanham diretamente a própria noção de dignidade da pessoa humana, é o que, portanto, deve ser enfatizado. Quer-se, com isso, mostrar uma reconstrução histórica que está por trás do constitucionalismo e que muito tem a ver com o princípio da dignidade da pessoa humana, afastando-se, por consequência, tentativas de interpretar esse princípio como sendo um valor *a priori* independente da evolução do constitucionalismo.

1.5. O PRINCÍPIO DA DIGNIDADE DA PESSOA HUMANA CONFORME O PARADIGMA DO ESTADO DE DIREITO

No Estado de Direito, o princípio da dignidade é visualizado no seu aspecto limitativo de ações do Estado e da própria comunidade contra aquele que é titular de direitos e tem a sua dignidade pessoal protegida pela ordem jurídica.

(42) HABERMAS, Jürgen. *Direito e democracia entre facticidade e validade*. 2. ed. Tradução de Flávio Beno Siebeneichler. Rio de Janeiro: Tempo Brasileiro, 2003. v. I e II, p. 131.

(43) *Idem*, p. 125.

(44) *Idem*, p. 127.

Compreende-se a prevalência, nos séculos XVIII e XIX, do Estado liberal, justamente porque o século XVIII identifica esse embate entre público e privado. Nesse período, predominou a concepção de Estado constitucional que garantisse os direitos fundamentais e a representação popular.

Tratava-se de afirmar a proteção jurídica fundamental contra atitudes autoritárias pretéritas, em nome da liberdade. Na tradição revolucionária, a constituição, como todo o direito, representava um limite ao exercício dos poderes do Estado. Nos dizeres de *Menelick de Carvalho Netto*:

> "O paradigma do Estado de Direito, ao limitar o Estado à legalidade, ou seja, ao requerer que a lei discutida e aprovada pelos representantes da 'melhor sociedade' autorize a atuação de um Estado mínimo, restrito ao policiamento (...) e, assim, garantir o livre jogo da vontade dos atores sociais individualizados, vedada a organização corporativo-coletiva, configura, aos olhos dos homens de então, um ordenamento jurídico de regras gerais e abstratas, essencialmente negativas, que consagram os direitos individuais ou de primeira geração, uma ordem jurídica liberal clássica."(45)

O avanço do capitalismo revelou a insuficiência dos postulados liberais da igualdade e da legalidade, gerando movimentos de reivindicação social. Essas carências propiciaram o surgimento de doutrinas que contestaram a ordem estabelecida, como a de *Karl Marx*, dando suporte aos movimentos de massa e à substituição ou superação desse modelo de Estado. *Habermas* expressa essa mutação:

> "O modelo do Estado social surgiu da crítica reformista ao direito formal burguês. Segundo este modelo, uma sociedade econômica, institucionalizada através do direito privado (principalmente através de direitos de propriedade e da liberdade de contratos), deveria ser desacoplada do Estado enquanto esfera de realização do bem comum e entregue à ação espontânea de mecanismos do mercado. Essa 'sociedade de direito privado' era talhada conforme a autonomia dos sujeitos do direito, os quais, enquanto participantes do mercado, tentam encontrar a sua felicidade através da busca possivelmente racional de interesses próprios."(46)

Nesse contexto, o princípio da dignidade da pessoa humana foi marcado pela ideia de que se estaria protegendo a dignidade à medida que o Estado deixasse de se intrometer nos assuntos privados. A separação entre o público e o privado, portanto, prevalecia. Com as crises e revoluções que se verificaram no Estado de Direito e que deram ensejo ao Estado Social, a ideia de dignidade da pessoa humana, antes entendida como um direito negativo, passa por uma radical reformulação. Ela traz à tona a necessidade de o Estado realizar prestações positivas.

---

(45) CARVALHO NETTO, Menelick. A hermenêutica constitucional sob o paradigma do estado democrático de direito. In: *Notícia do Direito Brasileiro,* Nova Série, Brasília: UnB, n. 6, p. 241, 2º semestre 1998.

(46) HABERMAS, Jürgen. *Direito e democracia entre facticidade e validade.* 2. ed. Tradução de Flávio Beno Siebeneichler. Rio de Janeiro: Tempo Brasileiro, 2003. v. I e II, p. 138.

1.6. O princípio da dignidade da pessoa humana conforme o paradigma do Estado social

Já no paradigma do Estado Social, o princípio da dignidade é visualizado no seu aspecto protetivo, obrigando o Estado a prover o cidadão das garantias que a própria Constituição lhe concede. É a igualdade limitando a liberdade.

Othon de Azevedo Lopes observa, analisando o período pós-primeira guerra mundial, de crise econômica e social, uma quebra do princípio da dignidade da pessoa humana:

> "A insuficiência do Estado para atender aos anseios de prestações materiais e de inserção econômica dos excluídos acabou por redundar num novo giro em que o cerne da dignidade humana foi posto em cheque. Proliferaram Estados e doutrinas Nazistas, Fascistas, Comunistas, em que uma suposta ordem social sobrepunha-se aos interesses individuais. Os exemplos históricos da Alemanha Nazista e a União Soviética de Stálin evidenciaram de forma dramática o eclipse que esses regimes representaram em relação à dignidade humana."(47)

O Estado Social, amparado em uma ideia de igualdade substantiva, buscava criar cidadãos, mas, no bojo de seu desenvolvimento, foi exatamente a cidadania que foi negada. Apesar de longo, o trecho seguinte, de *Menelick de Carvalho Netto*, é bastante elucidativo no que diz respeito aos problemas gerados pelo Estado Social:

> "Sabemos hoje, por experiência própria, que a tutela paternalista elimina precisamente o que ela afirma preservar. Ela subtrai dos cidadãos exatamente a cidadania, o respeito à sua capacidade de autonomia, à sua capacidade de aprender com os próprios erros, preservando eternamente a minoridade de um povo reduzido à condição de massa (de uma não cidadania), manipulável instrumentalizada por parte daqueles que se apresentam como os seus tutores, como os seus defensores, mas que, ainda que de modo inconsciente, crêem *a priori* e autoritariamente na sua superioridade em relação aos demais e, assim, os desqualificam como possíveis interlocutores. O debate público e os processos constitucionais de formação de uma ampla vontade e opinião públicas são assim privatizados. Foi exata e precisamente isso que os excessos do Estado Social, em todos os vários matizes que essa forma de legitimação do poder público foi capaz de assumir ao longo do século XX, nos ensinaram."(48)

No mesmo sentido, *Jürgen Habermas* acentua que:

> "O direito social revela que o direito materializado no Estado social é ambivalente, propiciando e, ao mesmo tempo, retirando a liberdade, o que se explica através

(47) LOPES, Azevedo. *Op. cit.*, p. 199.

(48) CARVALHO NETTO, Menelick de. Apresentação. In: ROSENFELD, Michel. *A identidade do sujeito constitucional.* Belo Horizonte: Mandamentos, 2003. p. 2/3.

da dialética entre liberdade de direito e de fato, a qual resulta da estrutura do processo de juridificação."[49]

Barba Martínez observa que "a importância da dignidade humana é decisiva para o Direito", e que "o Direito internacional impulsionou a reflexão a partir dos horrores totalitários que desembocaram na segunda guerra mundial"[50]. Após a II Guerra Mundial, o princípio da dignidade da pessoa humana reaparece como um princípio a ser protegido contra o totalitarismo e as práticas liberalizantes que levaram à decadência de vários povos. Porém, ao mesmo tempo em que alimentava um avanço da noção de igualdade contra a ideia de liberdade, acabou por gerar o efeito contrário de limitação da cidadania.

Assim sendo, se, por um lado, a dignidade da pessoa humana teve uma reviravolta com o avanço do Estado Social, com o excesso de proteção pelo Estado, perdeu-se em liberdade, o que acabou afetando o exercício da cidadania. Como a cidadania, contudo, está intimamente relacionada à dignidade da pessoa humana, como antes constatado a partir da evolução do constitucionalismo, o Estado Social, ao querer proteger a dignidade da pessoa humana, acabou por gerar um déficit na própria concretização dessa dignidade. É por isso que aparece o Estado Democrático de Direito como resposta a esse impasse.

1.7. O princípio da dignidade da pessoa humana conforme o paradigma do Estado Democrático de Direito

No Estado Democrático de Direito, o princípio da dignidade é visualizado, simultaneamente, no seu aspecto limitativo de ações do Estado e da própria comunidade e como implementador de direitos que estabeleceu.

A forma de implementação dos direitos é que se distingue no Estado Democrático de Direito. Ela passa a exigir a participação efetiva dos cidadãos nas decisões públicas. Isso tem consequências na leitura do princípio da dignidade da pessoa humana, enquanto reconhece a capacidade de o próprio indivíduo dizer o que é, para ele, dignidade.

Os direitos fundamentais não são vistos apenas como direitos subjetivos de defesa do indivíduo perante o Estado; também informam a interpretação e a aplicação da lei, especialmente considerando a concepção de *Dworkin* de que os princípios têm conteúdo normativo. Têm assim natureza objetiva, condicionando e promovendo a própria atividade legislativa e fazendo exigir, do Judiciário, uma aplicação do direito que procure, por um lado, mantê-lo consistente ou íntegro e, de outro, realizar a premissa de justiça de igual consideração e respeito.

---

(49) HABERMAS, Jürgen. *Direito e democracia entre facticidade e validade.* 2. ed. Tradução de Flávio Beno Siebeneichler. Rio de Janeiro: Tempo Brasileiro, 2003. v. I e II, p. 156.

(50) MARTÍNEZ, Barba. *Op. cit.*, p. 11.

Ademais, uma característica desse paradigma encontra-se no fato de que o constitucionalismo é encarado em seu sentido necessariamente plural. Nessas circunstâncias, preconiza *Rosenfeld* que "na medida em que o constitucionalismo deve se articular com o pluralismo, ele precisa levar o outro na devida conta, o que significa que os constituintes devem forjar uma identidade que transcenda os limites de sua própria subjetividade", concluindo no sentido de que "o constitucionalismo moderno requer o governo limitado, a aceitação da *rule of law*, do Estado de Direito e a proteção dos direitos fundamentais"[(51)].

O direito constitucional contemporâneo não está centrado apenas na figura do Estado enquanto organização política, nem nos direitos fundamentais de primeira geração ou nos direitos sociais, pois compreende os direitos humanos e a valorização do cidadão, o que se verifica mesmo nas ordens constitucionais que não positivaram o princípio da dignidade da pessoa humana.

A passagem do Estado de Direito para o Estado Social e deste para o Estado Democrático de Direito permitiu que a atividade hermenêutica do juiz se ampliasse, deixando de ter uma postura de menor interferência na esfera jurídica alheia, para assumir outra, mais ativa. O novo paradigma propõe a integração do cidadão e do Estado, por meio do processo democrático, em que os indivíduos participam do debate sobre as normas jurídicas. "A democracia passa a ser visualizada a partir da própria constituição da sociedade moldada pela intersubjetividade"[(52)], nas palavras de *Juliano Zaiden Benvindo*. A participação popular em torno do direito ganha expressividade.

É certo que a atividade interpretativa e criadora do juiz, com base no direito como integridade, só é possível no paradigma do Estado Democrático de Direito. Trata-se de examinar, no dizer de *Menelick de Carvalho Netto*:

> "a postura do juiz em uma tutela jurisdicional constitucionalmente adequada ao paradigma do Estado Democrático de Direito"[(53)]; visualizada a Constituição como um direito superior, "é também por meio dela que a observância ao direito pode ser imposta de forma coercitiva."[(54)]

O princípio da dignidade da pessoa humana, nesse contexto, portanto, deve ser encarado como uma construção que, no Estado Democrático de Direito, aponta para uma interpretação jurídica que busca efetivar seu caráter deontológico e compatibilizá-lo com o requisito de manter íntegro o sistema do direito. Ele deve se adaptar aos diferentes contextos plurais em que se aplica, mas, para tanto, deve reafirmar sua força em cada novo contexto. Assim, no Estado Democrático de Direito, em que a premissa do direito como integridade se aplica, o princípio da dignidade da pessoa

---

(51) ROSENFELD. *Op. cit.*, p. 36.

(52) BENVINDO, Juliano Zaiden. *Racionalidade jurídica e validade normativa:* da metafísica à reflexão democrática. Belo Horizonte: Argvmentvm, 2008. p. 233.

(53) *Idem*, p. 236.

(54) *Idem*, p. 233/234.

humana não pode ser encarado como um princípio a ser relativizado, mas, sim, reforçado em cada nova realidade, restabelecendo, assim, o império do direito. Ademais, seu conteúdo deve ser objeto de discussão contínua, já que, nesse paradigma, a grande característica é o exercício da cidadania. Não é ele, por isso, um valor previamente definido, tampouco algo divinamente reconhecido, mas, ao revés, um princípio que o direito confere força por meio de suas instituições jurídicas, que buscam interpretá-lo de modo a condizer com o propósito de manter íntegros os anseios de uma comunidade de princípios.

Para manter íntegro o direito, traz-se, de qualquer modo, à tona, o princípio da segurança jurídica. Não se pode falar, afinal, do direito como integridade, nesse processo de reconstrução histórica, sem levar em consideração também que a dignidade da pessoa humana será preservada enquanto reconstruída ao longo da história. Por isso, a análise do princípio da segurança jurídica faz-se necessária.

1.8. O DIREITO FUNDAMENTAL À SEGURANÇA JURÍDICA E SUA RELAÇÃO COM O PRINCÍPIO DA DIGNIDADE DA PESSOA HUMANA

A importância do princípio da segurança jurídica para o nosso estudo decorre da necessidade preconizada de: 1) pensar os princípios deontologicamente; 2) assegurar a aplicação do princípio da dignidade da pessoa humana abstraindo os critérios meramente valorativos do julgador e com sentido de perenidade, o que importa considerar não só o caráter normativo dos princípios como admitir que tanto a lei quanto a decisão devem conformar-se aos ideais de equidade e justiça nele implícitos. Para tanto, é interessante compreender como a noção de segurança das relações jurídicas foi trabalhada ao longo da história.

A segurança, como direito fundamental, foi prevista no art. 2º, da Declaração dos Direitos do Homem e do Cidadão, de 1789: "a base de toda associação política é a conservação dos direitos naturais e imprescritíveis do homem. Esses direitos são a liberdade, a propriedade, a segurança, e a resistência à opressão". Em sequência, a Constituição Francesa de 1793, no preâmbulo, estabeleceu: "a segurança consiste na proteção conferida pela sociedade a cada um de seus membros para conservação de sua pessoa, de seus direitos e de suas propriedades".

No plano internacional, os principais documentos que versem sobre o tema dos direitos humanos não contêm referência direta à segurança jurídica, mas à segurança das pessoas e à proteção ao ato jurídico perfeito.

A Constituição da República de 1988, no *caput* do art. 5º, insere a segurança entre os direitos fundamentais, ao lado do direito à vida, à liberdade, à igualdade e à propriedade. Apesar de ausente referência expressa à segurança jurídica, como bem interpreta *Ingo Sarlet*, o direito à segurança abrange "uma série de manifestações específicas, como é o caso da segurança jurídica, da segurança social, da segurança pública, da segurança pessoal, apenas para referir as mais conhecidas"[55].

Luís Roberto Barroso explicita que a expressão segurança jurídica, na sua evolução doutrinária, passou a designar um conjunto de ideias, que incluem:

> "1. a existência de instituições estatais dotadas de poder e garantias, assim como sujeitas ao princípio da legalidade;
>
> 2. a confiança nos atos do Poder Público, que deverão reger-se pela boa-fé e pela razoabilidade;
>
> 3. a estabilidade das relações jurídicas, manifestada na durabilidade das normas, na anterioridade das leis em relação aos fatos sobre os quais incidem e na conservação de direitos em face da lei nova;
>
> 4. a previsibilidade dos comportamentos, tanto os que devem ser seguidos como os que devem ser suportados;
>
> 5. a igualdade na lei e perante a lei, inclusive com soluções isonômicas para situações idênticas ou próximas."[56]

Hans Kelsen, na *Teoria pura do direito*, faz a associação do princípio da segurança jurídica com o Estado de Direito, que o assegura, nestes termos:

> "Como o processo legislativo, especialmente nas democracias parlamentares, tem de vencer numerosas resistências para funcionar, o Direito só dificilmente se pode adaptar, num tal sistema, às circunstâncias da vida em constante mutação. Este sistema tem a desvantagem da falta de flexibilidade. Tem, em contrapartida, a vantagem da segurança jurídica, que consiste no fato de a decisão dos tribunais ser até certo ponto previsível e calculável, em os indivíduos submetidos ao Direito se poderem orientar na sua conduta pelas previsíveis decisões dos tribunais. O princípio que se traduz em vincular a decisão dos casos concretos a normas gerais, que hão de ser criadas de antemão por um órgão legislativo central, também pode ser estendido, por modo consequente, à função dos órgãos administrativos. Ele traduz, neste seu aspecto geral, o princípio do Estado de Direito que, no essencial, é o princípio da segurança jurídica."[57]

A relação entre a ideia de justiça, de igual tratamento e respeito, e o princípio da segurança jurídica é intrínseca, pois não seria possível conceber a primeira se as relações

(55) SARLET, Ingo. *Op. cit.*, p. 88.

(56) BARROSO, Luís Roberto. Em algum lugar do passado: segurança jurídica, direito intertemporal e o novo código civil. In: ROCHA, Cármen Lúcia Antunes (org.). *Constituição e segurança jurídica:* direito adquirido, ato jurídico perfeito e coisa julgada — estudos em homenagem a José Paulo Sepúlveda Pertence. 2. ed. Belo Horizonte: Fórum, 2005. p. 139/140.

(57) KELSEN, Hans. *Teoria pura do direito*. 6. ed. 5. tiragem. Tradução de João Baptista Machado. São Paulo: Martins Fontes, 2003. p. 279.

jurídicas não estivessem confortadas em uma expectativa de tratamento igual também na aplicação do direito[58].

Do mesmo modo, *Osmar Mendes Paixão Côrtes* observa que:

"Assim, observa-se que, se é difícil (senão impossível) falar-se em justo e em finalidade, em termos absolutos, pelo menos em um ponto é preciso que haja consenso, no direito — quanto à existência de uma ordem jurídica, reconhecida e aceita pela comunidade. Os valores da justiça e da finalidade ficam, dessa forma, preteridos em nome da segurança que se deve ter na busca da paz social.

Em outras palavras, ainda que não se chegue a um consenso sobre qual a finalidade do direito e qual justiça a ser atingida, deve-se aceitar que em um dado momento determinadas normas e situações regulem a sociedade, em nome do valor fundamental da segurança, sob pena de a injustiça prevalecer, pelo próprio caos no sistema. A finalidade e a justiça ficam, dessa forma, ainda que de forma fictícia, inseridas no valor segurança: o que existe e deve ser cumprido passa a ser o justo e a finalidade do Direito. Tudo para que se realize a paz social e os indivíduos possam regrar suas vidas com previsibilidade."[59]

Em conclusão, verifica-se que o princípio de justiça, de igual consideração e respeito, está fundamentado também na previsibilidade e na expectativa de que o direito terá, em sua aplicação e funcionamento, a segurança jurídica sempre presente. Na medida em que a ideia de justiça está embutida na ideia de dignidade da pessoa humana, que deve ser tratada, afinal, com igual consideração e respeito, e uma vez que seu conteúdo é reconstruído hermeneuticamente ao longo da história, fica evidenciado o quanto o princípio da dignidade da pessoa humana e o princípio da segurança jurídica caminham lado a lado. De qualquer modo, o princípio da segurança jurídica, dentro do Estado Democrático de Direito, não pode também se tornar um impeditivo à reconstrução hermenêutica do princípio da dignidade da pessoa humana. Afinal, como aduz *Juliano Zaiden Benvindo*, "pelo signo da tradição, normalmente protegida pelo princípio da segurança jurídica, pode estar presente o interesse em perpetuar uma identificação com o modelo, sem incitar, pois, o caminho de superação das estruturas conservadoras"[60]. A reconstrução hermenêutica é necessária, desse modo, a fim de que seja realizado justiça.

Por isso, em uma concepção íntegra do direito, essa relação verifica-se no propósito, de um lado, de tratar todos os indivíduos com justiça e, de outro, de manter

---

(58) Nesse sentido, Gustav Radbruch reconhece que: "Sem dúvida, a justiça manda tratar como iguais as coisas iguais e diferentemente as que são desiguais, na proporção de sua desigualdade; não responde, porém, à pergunta: que pessoas devemos tratar como iguais ou como desiguais?; nem à pergunta: como devem estas ser tratadas? A justiça só determina e só nos dá a 'forma' do jurídico, não o seu conteúdo." (RADBRUCH, Gustav. *Filosofia do direito*. 5. ed. Tradução de L. Cabral de Moncada. Coimbra: Américo Amado, 1974. p. 124).

E coloca a seguinte questão: "(...) a segurança do direito não exige apenas a incondicional validade dos preceitos que o poder, que está por trás deles, estabeleceu e que, de facto, são observados; formula também certas exigências a respeito do seu conteúdo e bem assim a exigência da sua praticabilidade." (*Idem*, p. 164).

(59) CÔRTES, Osmar Mendes Paixão. *Súmula vinculante e segurança jurídica*. São Paulo: Revista dos Tribunais, 2008. p. 24.

(60) BENVINDO, Juliano Zaiden. *Op. cit.*, p. 185.

íntegro e consistente o direito. É essa a construção que se deseja realçar não se pode pensar o princípio da dignidade da pessoa humana, em uma concepção do direito como integridade, desfalcada de uma preocupação com a segurança jurídica, até como medida de justiça. E isso ocorre porque a ideia de segurança jurídica, na perspectiva do direito como integridade, deve acompanhar a própria reconstrução dos princípios jurídicos ao longo da história, lado a lado.

É este, aliás, o objeto do próximo capítulo: trazer à discussão por que, a partir do Estado Democrático de Direito, se deve interpretar e aplicar o direito com base na integridade, preservando a segurança jurídica e a justiça e, ao mesmo tempo, mostrando como se pode evitar que ele seja considerado um valor *a priori*, que se apresenta superior aos demais. O propósito, portanto, é relacionar o desenvolvimento histórico neste capítulo trabalhado com o âmbito doutrinário que pode se aplicar ao princípio da dignidade da pessoa humana.

Capítulo II

Concepções Doutrinárias sobre a Dignidade da Pessoa Humana e a Perspectiva do Direito como Integridade como Objeção a Propostas Valorativas

2.1. Concepções doutrinárias acerca da eficácia do princípio da dignidade da pessoa humana

A doutrina tem se preocupado com o estudo do princípio da dignidade da pessoa humana, inclusive acerca da sua eficácia concreta. Vamos aqui examinar as proposições de alguns autores que procederam a essa investigação.

Ingo Wolfgang Sarlet admite que o princípio da dignidade da pessoa humana atua como direito de defesa, a impedir que seja violado, e como condutor de prestações positivas. Distingue o princípio jurídico-fundamental, na sua condição de norma, da dignidade da pessoa, enquanto valor intrínseco reconhecido pela ordem jurídica. Preconiza a consideração de um mínimo existencial capaz de satisfazer às exigências de uma vida digna, nestes termos:

> "Constata-se (...) um crescente consenso no que diz com a plena justiciabilidade da dimensão negativa (defensiva) dos direitos sociais em geral e da possibilidade de se exigir em Juízo pelo menos a satisfação daquelas prestações vinculadas ao mínimo existencial, de tal sorte que também nesta esfera a dignidade da pessoa humana (notadamente quando conectada com o direito à vida) assume a condição de metacritério para as soluções tomadas no caso concreto, o que, de resto, acabou sendo objeto de reconhecimento em decisão recente do Supremo Tribunal Federal."(61)

---

(61) SARLET, Ingo. *Op. cit.*, p. 96/97. O Autor refere-se ao julgamento da ADPF n. 45 MC/DF, à decisão monocrática do Ministro Celso de Mello, na qual restou afirmada a possibilidade de controle judicial de políticas públicas na esfera dos direitos sociais (no caso, do direito à saúde).

A satisfação do mínimo existencial, para o autor, justifica-se no direito à vida e no dever do Estado de prover as condições para que todos vivam dignamente. E explicita:

> "Neste contexto, não restam dúvidas de que todos os órgãos, funções e atividades estatais encontram-se vinculados ao princípio da dignidade da pessoa humana, impondo-se-lhes um dever de respeito e proteção, que se exprime tanto na obrigação por parte do Estado de abster-se de ingerências na esfera individual que sejam contrárias à dignidade pessoal, quanto no dever de protegê-la (...) contra agressões oriundas de terceiros, seja qual for a procedência (...) também condutas positivas tendentes a efetivar e proteger a dignidade dos indivíduos."(62)

Admite, na linha de *Robert Alexy*, a ponderação e a aplicação do princípio da proporcionalidade, que afirma conectado ao da dignidade, critério material, inclusive, para a aferição da incidência da proibição de retrocesso em matéria de direitos fundamentais. No ponto, destaca-se:

> "É neste sentido que não podemos deixar de relembrar — na esteira de *Alexy* — que até mesmo o princípio da dignidade da pessoa humana (por força de sua própria condição principiológica) acaba por sujeitar-se, em sendo contraposto à igual dignidade de terceiros, a uma necessária relativização, e isto não obstante se deva admitir — no âmbito de uma hierarquização axiológica — sua prevalência no confronto com outros princípios e regras constitucionais, mesmo em matéria de direitos fundamentais."(63)

Essa visão axiológica do princípio, compatível com os conceitos de mínimo existencial e de vedação do retrocesso, vem constituindo o sustentáculo de decisões judiciais que o aplicam sem considerar a sua efetiva normatividade. Ela representa, em síntese, a percepção de que o princípio da dignidade da pessoa humana deve prevalecer sobre os demais princípios jurídicos e, para uma adequada aplicação de seu conteúdo, faz-se necessário adotar uma postura axiológica a ser instrumentalizada por intermédio do princípio da proporcionalidade, normalmente justificada conforme os ensinamentos de *Robert Alexy*.

Uma radicalização dessa perspectiva axiológica encontra-se na defesa clara do uso do princípio da dignidade da pessoa humana para fins de prestações positivas a serem entregues pelo Poder Judiciário. Para tanto, novamente conecta-se o princípio da dignidade da pessoa humana à defesa de um *mínimo existencial*, que é apresentado como expressão das condições básicas que o Estado tem o dever, também por intermédio do Poder Judiciário, de assegurar ao indivíduo. Esse é o entendimento, bastante fundamentado, de *Ana Paula de Barcellos*, cuja obra *A eficácia jurídica dos princípios constitucionais* — o princípio da dignidade da pessoa humana(64) traz claramente o

---

(62) *Idem*, p. 113.

(63) *Idem*, p. 134.

(64) BARCELLOS, Ana Paula de. *A eficácia jurídica dos princípios constitucionais* — o princípio da dignidade da pessoa humana. 2. ed. rev. e atual. Rio de Janeiro: Renovar, 2008.

posicionamento da prevalência desse princípio mesmo quando em choque com o princípio da separação de poderes. Essa perspectiva de estabelecer um dever do Poder Judiciário de realização de prestações positivas com base no princípio da dignidade da pessoa humana, à medida que ele incorpora a ideia de um *mínimo essencial*, é particularmente interessante para esta pesquisa: ela procura trazer um conteúdo ao princípio da dignidade da pessoa humana a partir da referência a alguns direitos previstos na Constituição Federal e estabelece o dever de sua efetivação, em concreto, por meio de decisões judiciais. Um exame mais detido desse debate, tal como trabalhado por *Ana Paula de Barcellos*, deve ser, então, apresentado.

O início da argumentação de *Ana Paula de Barcellos* refere-se à identificação da eficácia jurídica que se pode atribuir aos enunciados normativos constitucionais:

> "As modalidades de eficácia jurídica identificadas, e que serão objeto de exame a seguir, são as seguintes, em ordem decrescente de consistência: (a) perfeitamente simétrica ou positiva; (b) nulidade; (c) ineficácia; (d) anulabilidade; (e) negativa; (f) vedativa do retrocesso; (g) penalidade; (h) interpretativa; e (i) outras."[65]

Ao tratar especificamente da eficácia jurídica dos aspectos materiais do princípio da dignidade da pessoa humana, enuncia claramente sua concepção de estar ele intimamente relacionado à eficácia positiva ou simétrica:

> "Como já se viu, a dignidade da pessoa humana é hoje considerada, sob vários pontos de vista, o pressuposto filosófico de qualquer regime jurídico civilizado e das sociedades democráticas em geral. Ademais, o constituinte de 1988 fez uma clara opção pela dignidade da pessoa humana como fundamento do Estado brasileiro e de sua atuação, dispondo analiticamente sobre o tema ao longo do texto. Nesse contexto, do ponto de vista da lógica que rege a eficácia jurídica em geral, a modalidade que deve acompanhar os enunciados que cuidam da dignidade humana é a positiva ou simétrica.
>
> Junte-se a essa evidência um outro elemento. O efeito isolado pretendido pelas disposições que ora se examina consubstancia-se em prestações positivas, bens materiais, e mesmo que ainda não se tenha tratado de identificá-las completamente, elas hão de ser obtidas, não há dúvida, através de uma ação estatal. Os efeitos dos enunciados normativos deixam de ser realizados, portanto, em decorrência de uma omissão do Poder Público. Ora bem, nessas circunstâncias, as modalidades interpretativa, negativa ou vedativa do retrocesso da eficácia jurídica — sozinhas — pouca ou nenhuma capacidade terão de aproximar o efeito isolado do enunciado daquilo que se pode exigir judicialmente. Um exemplo ajudará a esclarecer o ponto.
>
> Imagine-se um Município onde não é oferecido ensino fundamental gratuito regular, mas apenas o noturno, de maneira que os jovens e adultos frequentem a escola, mas as crianças não. Imagine-se, então, que as autoridades municipais

(65) *Idem*, p. 74/75.

pretendem fechar a escola noturna. Certamente tal ação poderá ser impedida judicialmente com fundamento nas modalidades negativa ou vedativa do retrocesso da eficácia jurídica, reconhecidas às disposições que tratam da educação em geral e do oferecimento de ensino noturno adequado em particular. Sem alguma espécie de eficácia positiva ou simétrica, porém, nada poderá ser feito, no âmbito jurídico, para que o ensino regular diurno seja também oferecido. E note-se que os dois comandos em questão — o do ensino fundamental e o do ensino fundamental noturno — envolvem, a rigor, regras, e não princípios.

Como é fácil perceber, sem a eficácia positiva ou simétrica os enunciados normativos examinados restam esvaziados logo de início e, com eles, o próprio Estado de direito, já que este pressupõe a submissão — exigível diante do Judiciário, caso descumprida — de governados e governantes à lei, seja esta o fruto da elaboração dos poderes públicos constituídos, seja, com muito mais razão, a Constituição Federal. Restringir a eficácia jurídica possível dos princípios constitucionais em questão às modalidades interpretativa, negativa e vedativa do retrocesso é admitir que os governantes não estão vinculados às disposições constitucionais de forma relevante, podendo simplesmente ignorar seus comandos sem qualquer consequência jurídica."[(66)]

Segundo o entendimento da autora, a eficácia interpretativa, no caso de princípio constitucional, conduz à aplicação da norma em conformidade com a diretriz contida no princípio de regência da matéria. A eficácia negativa, ao contrário, impede a edição de norma ou ato que contrarie o princípio. Por fim, a vedação do retrocesso tem por objetivo evitar que a lei infraconstitucional elimine garantias pretéritas sem substituição equivalente.

A autora, enquanto, por um lado, reconhece que a eficácia **interpretativa, negativa** e **vedativa do retrocesso** atribuída aos princípios constitucionais representa um considerável avanço no esforço de construção da sua normatividade, por outro, considera que a eficácia **positiva**, que possibilita o exercício da pretensão diretamente perante o Poder Judiciário, é o que identifica sua normatividade.

E acentua:

"Da avaliação de todos os elementos apurou-se que o princípio da dignidade da pessoa humana comporta várias modalidades de eficácia jurídica em faixas diferentes de sua extensão. É possível reconhecer eficácia positiva ou simétrica às faixas que compõem o seu núcleo, especialmente àquelas que dizem respeito a condições materiais da existência, isto é, exigibilidade da prestação em si diante do Poder Judiciário — e essa constatação foi o objetivo principal do estudo. Em suma: o chamado *mínimo existencial*, formado pelas condições materiais básicas para a existência, corresponde a uma fração nuclear da dignidade da pessoa humana à qual se deve reconhecer eficácia jurídica positiva ou simétrica. Para além desse

(66) *Idem*, p. 235/237.

núcleo, ingressa-se em um terreno no qual se desenvolvem primordialmente outras modalidades de eficácia jurídica, decorrência da necessidade de manter-se o espaço próprio da política e das deliberações majoritárias."[67]

Ana Paula de Barcellos, não sem antes referir que "para tranquilidade da tradição positivista brasileira, a própria Constituição Federal de 1988, ao longo do seu texto, cuidou de concretizar o princípio da dignidade da pessoa humana por ela inicialmente previsto em seu art. 1º", apresenta, por consequência, "uma proposta de concretização do *mínimo existencial* tendo em conta a Constituição de 1988"[68], nestes termos:

> "Na linha do que se identificou no exame sistemático da própria Carta de 1988, o *mínimo existencial* que ora se concebe é composto de quatro elementos, três materiais e um instrumental, a saber: a educação fundamental, a saúde básica, a assistência aos desamparados e o acesso à Justiça. Repita-se, ainda uma vez, que esses quatro pontos correspondem ao núcleo da dignidade da pessoa humana a que se reconhece eficácia jurídica positiva e, *a fortiori*, o *status* de direito subjetivo exigível diante do Poder Judiciário."[69]

Para tanto, em relação à **educação fundamental**, entendida como "os primeiros nove anos de escolaridade, da primeira à nona série do primeiro grau", com base no princípio da dignidade da pessoa humana, "o indivíduo poderá exigir judicialmente uma vaga em alguma escola pública, de qualquer nível federativo, onde possa cursar o ensino fundamental"[70]. No que diz respeito à **saúde básica**, considera:

> "Que há um conjunto de prestações de saúde exigíveis diante do Judiciário por força e em consequência da Constituição. Mais que isso, tal afirmação significa que os poderes constituídos estão obrigados a colocar à disposição das pessoas tais prestações."
>
> "Em resumo: as prestações que fazem parte do mínimo existencial — sem o qual restará violado o núcleo da dignidade da pessoa humana, compromisso fundamental do Estado brasileiro — são oponíveis e exigíveis dos poderes públicos constituídos."[71][72]

A **assistência aos desamparados**, segundo a autora:

> "Representa o último recurso na preservação da dignidade humana. Afora as formas já institucionalizadas pela Constituição Federal, como o fornecimento

(67) *Idem*, p. 277/278.

(68) *Idem*, p. 286/287.

(69) *Idem*, p. 288.

(70) *Idem*, p. 290 e 292.

(71) *Idem*, p. 304.

(72) A reforçar a tese desenvolvida, veja-se o art. 34, VII, *e*, da Constituição da República, que assegura a intervenção federal nos Estados e o art. 35, III, dos Estados nos Municípios, na hipótese de não aplicação do percentual mínimo estabelecido para investimento em educação e saúde. Em relação à saúde os arts. 196 e 198, II, da CF, asseguram o acesso universal a esse bem.

de um salário mínimo para o idoso ou o deficiente que não tenha condições de prover, por si ou sua família, sua subsistência (art. 203, V), seu conteúdo é dado pelas condições mais elementares que se exige para a subsistência humana: alimentação, vestuário e abrigo."[73]

No ponto, é certo que a Constituição assegurou o seguro-desemprego e a proteção aos idosos e aos deficientes físicos. Mas a dificuldade para a implementação da assistência plena, que envolve prestações *in natura*, é real e envolve complexidades reconhecidas pela autora, que indica: "o vital é que os desamparados tenham onde obter socorro, seja através da prestação direta do Estado, de conveniados do Poder Público, de vales ou de qualquer outra forma que a inteligência política possa imaginar"[74].

O direito subjetivo de **Acesso à Justiça** é instrumental:

> "A eficácia jurídica desse direito apresenta ao jurista uma série de questões, que podem ser ordenadas, para fins sistemáticos, em três categorias: (i) as que envolvem o acesso sob o ponto de vista jurídico; (ii) as que dizem respeito ao acesso físico; e, por fim, (iii) as relacionadas com o acesso jurídico da pretensão material, que embora não se confunda com o direito autônomo de ação, não pode ser dele totalmente desvinculado."[75]

Esse direito se materializa na garantia de acesso ao Poder Judiciário (art. 5º, XXXV, CF), da assistência jurídica e judiciária gratuita aos necessitados, por meio da Defensoria Pública e dos Juizados Especiais.

A autora, sustentando que o núcleo da dignidade foi previsto pelo constituinte sobretudo como limite à atuação das maiorias, admite a eficácia concreta do princípio que a assegura, enfrentando o tema da separação dos poderes assim:

> "A separação dos poderes e o princípio majoritário são muitas vezes apresentados como um obstáculo absoluto ao conhecimento e deferimento pelo Poder Judiciário, de prestações positivas a serem custeadas pelo Poder Público com fundamento nos princípios vinculados à dignidade humana. Nesse cenário, separação de poderes e princípio majoritário bloqueariam totalmente a eficácia positiva ou simétrica dos enunciados normativos que se vêm de examinar.
>
> Os argumentos são muitos: (i) o Judiciário estaria invadindo competência do Legislativo e do Executivo, rompendo o equilíbrio que deve haver entre os poderes; (ii) apenas o Executivo e o Legislativo gozariam de legitimidade democrática para fixar políticas públicas, destinar recursos etc., atributo que não caberia ao Poder Judiciário; (iii) a decisão sobre onde investir e que bens materiais oferecer seria eminentemente política, já que há recursos limitados e o espaço do Judiciário é jurídico e não político; (iv) o Judiciário não teria condições

(73) *Idem*, p. 320/321.

(74) *Idem*, p. 323.

(75) *Idem*, p. 325.

de avaliar o impacto de suas decisões sobre a estrutura do Estado como um todo, mesmo porque não teria capacitação técnica para fazê-lo, dispondo de uma perspectiva apenas casuística e não global dos problemas etc.

Nenhum dos pontos levantados acima é absurdo. A questão, porém, deve ser posta nos seguintes termos: será que os enunciados que cuidam da separação dos poderes e do princípio majoritário pretendem efetivamente impedir de modo completo a eficácia jurídica positiva ou simétrica daqueles — *enunciados normativos também, lembre-se* — relacionados com a dignidade da pessoa humana? Será que na soma vetorial de todas essas disposições constitucionais, no *concerto sistemático* ou na ponderação entre elas, o vetor final há de ser a total preponderância da separação dos poderes e das prerrogativas dos poderes Legislativo e Executivo, em detrimento da possibilidade de o Judiciário sindicar de forma positiva algum efeito que seja da dignidade em seu aspecto material?"[(76)]

Em poucas palavras, pode-se verificar que a autora deixa bem claro seu posicionamento acerca de que o Poder Judiciário tem o dever de fazer prevalecer o princípio da dignidade da pessoa humana — fornecendo-se, assim, o mínimo existencial ao indivíduo —, mesmo quando em choque com o princípio da separação dos poderes e o princípio majoritário. O Poder Judiciário, nesses termos, tem de *sindicar* os demais poderes no que atina à realização da dignidade em seu aspecto material. E, para tanto, deve-se proceder a uma ponderação em concreto entre os princípios jurídicos, cujo vetor final — a realização da dignidade humana — faz requerer um Judiciário ativo.

Essa conclusão pode ser extraída quando se verifica que a autora defende a natureza instrumental do princípio da separação dos poderes e que ele "não representa um obstáculo lógico ao controle pelo Poder Judiciário das ações ou omissões inconstitucionais praticadas pelo Poder Público, aí incluída a determinação de prestações positivas com fundamento constitucional"[(77)]. Quanto ao princípio majoritário, acentua que "a democracia exige mais do que apenas a aplicação da regra majoritária. É preciso que, juntamente com ela, sejam respeitados os direitos fundamentais de todos os indivíduos, façam eles parte da maioria ou não", acrescentando:

> "Com efeito, o princípio da igualdade, que se encontra subjacente à regra da maioria, exige que mesmo as minorias, mesmo os vencidos, sejam respeitados em sua humanidade, no conjunto de direitos fundamentais inerentes à sua condição humana e que lhes possibilita, afinal, serem considerados iguais aos demais. Se assim não fosse, a igualdade tão propalada seria meramente circunstancial — dependeria de se fazer ou não parte da maioria — e não essencial, decorrência da natureza humana."[(78)]

Para ela, além do mais, a própria introdução do controle de constitucionalidade nos sistemas jurídicos europeus deveu-se não a uma reformulação da ideia consagrada

---

(76) *Idem*, p. 239/240.

(77) *Idem*, p. 248.

(78) *Idem*, p. 250/252.

de separação de poderes, mas à normatividade da Constituição, que condiz com a ideia de um *consenso mínimo*. E dispõe:

> "Desse modo, há, de um lado, um espaço normativo da dignidade que diz respeito àquele consenso mínimo e que, por isso mesmo, poderá ser objeto de amplo controle judicial. Controle esse — repita-se — cujo propósito não é apenas impedir que os enunciados normativos em questão sejam violados, mas assegurar a produção dos efeitos por eles pretendidos. Esse é o campo de trabalho do direito e da Justiça Constitucional, não estando tais regras à disposição da deliberação política."(79)

Evidentemente, a autora tem ciência de que há custos nesse processo de realização de prestações positivas e, nesse âmbito, apresenta o debate sobre a *reserva do possível*, claramente mostrando que essa discussão traz à reflexão a possibilidade de relativização do princípio da dignidade da pessoa humana na aplicação do direito. Essa relativização decorreria do próprio aspecto multidisciplinar do direito, que requer que ele seja observado dentro de um espectro mais amplo envolvendo fatores econômicos, fiscais, valorativos, entre outros. O resgate da ideia da *reserva do possível* já expõe o quanto a defesa da dignidade da pessoa humana pode vir a ser ponderada com outros fatores no caso concreto que não dizem respeito precisamente ao direito e que, em certa medida, enfraquecem o caráter normativo do princípio. Aliás, a discussão em torno da reserva do possível já mostra o quanto do debate político — que envolve discussões sobre a economicidade, valores em jogo, orçamento — é trazido ao Judiciário nessa necessidade de transformá-lo em síndico dos demais poderes e em realizador de prestações positivas. Leia-se:

> "A nova amplitude que a discussão a respeito do custo dos direitos e da reserva do possível vem assumindo trouxe à luz algumas visões interessantes e pouco exploradas do tema. A primeira delas corresponde à percepção de que não é possível estudar o direito de forma isolada. Isso é ainda mais verdadeiro quando se cuida de direitos a serem custeados pelo Estado, uma vez que, na interessante expressão de *Flávio Galdino*, 'direitos não nascem em árvores nem caem do céu'. Como já se referiu, a melhor técnica legislativa e a melhor hermenêutica não poderão fazer surgir os recursos que por acaso inexistam."(80)

Porém, por mais que reconheça que "direitos não nascem em árvores nem caem do céu", *Ana Paula de Barcellos* conclui que a contingência da limitação de recursos deve ser superada pela necessidade de se efetivar o mínimo existencial representado pelo princípio da dignidade da pessoa humana. O Poder Judiciário, na verdade, deve assegurar que os gastos sejam prioritariamente voltados para as áreas sensíveis que ela enumera. Essa perspectiva claramente estabelece, no Judiciário, o foco central de controle da definição de pautas políticas, da aplicação orçamentária e de gestão do dinheiro público. E, na medida em que faz esse controle, não haveria motivo para se

(79) *Idem*, p. 257.

(80) *Idem*, p. 264.

concluir, na compreensão da autora, a respeito da incompatibilidade do princípio da dignidade da pessoa humana com a premissa da reserva do possível.

"A meta central das Constituições modernas, e da Carta de 1988 em particular, pode ser resumida, como já exposto, na promoção do bem-estar do homem, cujo ponto de partida está em assegurar as condições de sua própria dignidade, que inclui, além da proteção dos direitos individuais, condições materiais mínimas de existência. Ao apurar os elementos fundamentais dessa dignidade (o mínimo existencial) estar-se-á estabelecendo exatamente os alvos prioritários dos gastos públicos. Apenas depois de atingi-los é que se poderá discutir, relativamente aos recursos remanescentes, em que outros projetos se deverá investir. Como se vê, o mínimo existencial associado ao estabelecimento de prioridades orçamentárias é capaz de conviver produtivamente com a reserva do possível. Dito de outro modo, é correto afirmar que, nos termos constitucionais, garantir condições materiais essenciais à dignidade humana (o mínimo existencial) é a prioridade do Estado brasileiro."(81)

As palavras de *Ana Paula de Barcellos*(82) refletem uma corrente de pensamento que, com o intuito de dar efetividade ao princípio da dignidade da pessoa humana,

---

(81) *Idem*, p. 271/272.

(82) São essas as conclusões da autora, em termos por ela sintetizados:

"A ambição aqui desenvolvida foi a de contribuir para a construção da eficácia jurídica do princípio da dignidade da pessoa humana, especialmente em relação à sua parcela que diz respeito às condições materiais de existência dos indivíduos. Nessa linha, pode-se compendiar algumas das ideias principais nas seguintes proposições objetivas:

As disposições constitucionais — aí incluídos os princípios — são normas jurídicas e, como tal, pretendem produzir determinados efeitos no mundo dos fatos, que deverão ser coativamente impostos caso não se produzam naturalmente. (...)

Embora princípios e regras compartilhem a natureza de enunciados normativos, uma série de características os distingue. Duas dessas características são (i) a relativa indeterminação dos efeitos; e (ii) a variedade de meios para atingi-los. (...)

Pode-se identificar na ordem positiva e no trabalho da doutrina, ainda que sem exaustividade, um conjunto variado de modalidades de eficácia jurídica. Tendo em conta sua maior ou menor capacidade de promover o efeito pretendido pela norma, é possível ordená-las nos seguintes termos: positiva ou simétrica, nulidade, ineficácia, anulabilidade, negativa, vedativa do retrocesso, interpretativa, penalidades e outras. A modalidade de eficácia jurídica positiva ou simétrica é aquele que autoriza exigir judicialmente a realização do efeito pretendido pela norma. Esta é a modalidade de eficácia jurídica padrão e também a única capaz de superar a violação da norma quando esta se opere através de um comportamento omissivo.

Apurar qual ou quais modalidades de eficácia jurídica estão associadas a determinada norma demanda o exame de (...) elementos. (...)

O exame de cada um desses elementos no que diz respeito ao princípio da dignidade da pessoa humana, especialmente quanto aos aspectos materiais da dignidade, conduz às seguintes conclusões:

5.1) O efeito pretendido pelo princípio da dignidade da pessoa humana consiste, em termos gerais, em que as pessoas tenham uma vida digna. Como é corriqueiro acontecer com os princípios, embora esse efeito seja indeterminado a partir de um ponto (variando em função de opiniões políticas, filosóficas, religiosas etc.), há também um conteúdo básico, sem o qual se poderá afirmar que o princípio foi violado e que assume caráter de regra e não mais de princípio. Esse núcleo, no tocante aos elementos matérias da dignidade, é composto pelo mínimo existencial, que consiste em um conjunto de prestações materiais mínimas sem as quais se poderá afirmar que o indivíduo encontra-se em situação de indignidade.

5.2) Ao mínimo existencial se reconhece a modalidade de eficácia jurídica positiva ou simétrica — isto é, as prestações que compõem o mínimo existencial poderão ser exigidas judicialmente de forma direta —, ao passo que ao restante dos efeitos pretendidos pelo princípio da dignidade da pessoa humana se haverá de reconhecer apenas as modalidades de eficácia negativa, interpretativa e vedativa do retrocesso, como preservação do pluralismo e do debate democrático.

5.3) Uma proposta de concretização do mínimo existencial, tendo em conta a ordem constitucional brasileira, deverá incluir os direitos à educação fundamental, à saúde básica, à assistência no caso de necessidade e ao acesso à justiça." (*Idem*, p. 251/253).

sobretudo em um ambiente em que o Poder Público se mostra omisso, transforma o Poder Judiciário em realizador de prestações positivas. Ela quer justificar um mecanismo de eficácia ao princípio da dignidade da pessoa humana. Porém, embora, de fato, se deva dar efetividade ao princípio, a pergunta que permanece é: até que ponto não se estaria transformando o Poder Judiciário em foco central do debate político, inclusive estabelecendo critérios de como priorizar gastos públicos em concreto? Até que ponto, em torno do princípio da dignidade da pessoa humana, não se estaria abrindo a possibilidade do arbítrio pelo Poder Judiciário? E em que medida, ao abrir o debate político para o Judiciário, a defesa da normatividade que ela tanto defende, na verdade, não poderia se transformar em um enfraquecimento da normatividade?

Ainda na doutrina nacional, cite-se *Humberto Ávila*, que, na sua *Teoria dos princípios*, introduz, à classificação clássica das normas em regras e princípios, os postulados normativos aplicativos.

Como será referido no item 3.3 do Capítulo 3, no voto proferido pelo Ministro Ricardo Lewandovski, na ADI n. 3.510/DF, foi aludida essa classificação e inserido o princípio da dignidade da pessoa humana como espécie de postulado normativo, assim metanorma.

Humberto Ávila apresenta a dignidade da pessoa humana como uma norma de hierarquia superior às demais e adota a perspectiva da proporcionalidade como uma solução para conflito de princípios. Invoca *Karl Larenz*, que:

> "Define os princípios como normas de grande relevância para o ordenamento jurídico, na medida em que estabelecem fundamentos normativos para a interpretação e aplicação do Direito, deles decorrendo, direta ou indiretamente, normas de comportamento."
>
> Assim "pensamentos diretivos de uma regulação jurídica existente ou possível"[83].
>
> Reporta-se a *Claus-Wilhelm Canaris*, para quem:
>
> "Duas características afastariam os princípios das regras. Em primeiro lugar, o conteúdo axiológico: os princípios, ao contrário das regras, possuiriam um conteúdo axiológico explícito e careceriam, por isso, de regras para sua concretização. Em segundo lugar, há o modo de interação com outras normas: os princípios, ao contrário das regras, receberiam seu conteúdo de sentido somente por meio de um processo dialético de complementação e limitação."[84]

Invoca, semelhantemente aos autores anteriormente analisados, *Robert Alexy* e a "definição de princípios como *deveres de otimização* aplicáveis em vários graus segundo as possibilidades normativas e fáticas"[85].

---

(83) ÁVILA, Humberto. *Teoria dos princípios*. Da definição à aplicação dos princípios jurídicos. 4. ed. rev. 3. tiragem. São Paulo: Malheiros, 2005. p. 27.

(84) *Idem*, p. 27/28.

(85) *Idem*, p. 29.

Refere, inclusive, *Ronald Dworkin*, enquanto sustentou que "no caso de colisão entre regras, uma delas deve ser considerada inválida" e, quanto aos princípios, "ao contrário das regras, possuem uma dimensão de peso, demonstrável na hipótese de colisão entre os princípios, caso em que o princípio com peso relativo maior se sobrepõe ao outro, sem que este perca sua validade"[(86)].

Humberto Ávila propõe critérios de distinção entre princípios e regras, examinando o tema com profundidade e visão crítica. Admite que "a atividade de ponderação ocorre na hipótese de regras que abstratamente convivem, mas concretamente podem entrar em conflito". Por outro lado, claramente fundamentando-se em *Alexy*, afirma que "quando dois princípios entram em conflito deve-se atribuir uma dimensão de peso maior a um deles. Por isso, assevera-se que os princípios entram em conflito no plano concreto, e a solução desse conflito insere-se na problemática da aplicação"[(87)].

De modo análogo ao que ocorre com várias perspectivas axiológicas do princípio da dignidade da pessoa humana, *Humberto Ávila* situa-o como sobreprincípio, ao lado da segurança jurídica, do Estado de Direito e do devido processo legal, negando-lhe, por isso, as funções integrativa e definitória e atribuindo-lhe a função rearticuladora.[(88)] Nesses termos, cria a figura dos *postulados normativos*, situados no terreno das metanormas, que estabelecem a estrutura de aplicação de outras normas, assim conceituados:

> "Os postulados normativos são normas imediatamente metódicas, que estruturam a interpretação e aplicação de princípios e regras mediante a exigência, mais ou menos específica, de relações entre elementos com base em critérios.
>
> (...)
>
> O postulado da razoabilidade aplica-se, primeiro, como diretriz que exige a relação das normas gerais com as individualidades do caso concreto, quer mostrando sob qual perspectiva a norma deve ser aplicada, quer indicando em quais hipóteses o caso individual, em virtude de suas especificidades, deixa de se enquadrar na norma geral. Segundo, como diretriz que exige uma vinculação das normas jurídicas com o mundo ao qual elas fazem referência, seja reclamando a existência de um suporte empírico e adequado a qualquer ato jurídico, seja demandando uma relação congruente entre a medida adotada e o fim que ela pretende atingir. Terceiro, como diretriz que exige a relação de equivalência entre duas grandezas.

---

(86) *Idem*, p. 28.

A referência bibliográfica é ao livro *Levando os direitos a sério*, de Dworkin, obra mais antiga do autor, revista, em especial na parte que trata de princípios e regras. É inclusive interessante ver que os trechos citados no livro são os normalmente invocados pelos defensores de Alexy para dizer que Dworkin propõe um método de ponderação de princípios. Contudo, em livros e artigos posteriores, Dworkin expressa opinião no sentido de que não é correto buscar resolver um (aparente) conflito entre princípios mediante um método de ponderação, ou mesmo de balanceamento, muito menos, ainda, invocando proporcionalidade ou razoabilidade.

(87) *Idem*, p. 44.

(88) ÁVILA, Humberto. *Op. cit.*, p. 79/80.

O postulado da proporcionalidade aplica-se nos casos em que exista uma relação de causalidade entre um meio e um fim concretamente perceptível. A exigência de realização de vários fins, todos constitucionalmente legitimados, implica a adoção de medidas adequadas, necessárias e proporcionais em sentido estrito."[89]

Como espécies de postulados inespecíficos insere, desse modo, a ponderação, a concordância prática e a proibição de excesso e, entre os postulados específicos, a igualdade, a razoabilidade e a proporcionalidade.

Fica muito clara a convergência do pensamento de *Humberto Ávila* com a concepção axiológica dos direitos fundamentais, que, tal como as teorias anteriormente analisadas, desembocam em duas características centrais: 1º) a compreensão de ser o princípio da dignidade da pessoa humana uma metanorma, como um princípio estruturante, que estaria por trás de todos os outros princípios e que, portanto, guiaria a atividade de aplicação do direito; 2º) a adoção da ponderação de princípios como mecanismo de resolução de conflitos. Desse modo, *Humberto Ávila*, tal como *Ingo Sarlet* e *Ana Paula de Barcellos*, assume a posição de um defensor do princípio da dignidade da pessoa humana como superior, o que contraria frontalmente a premissa do direito como integridade, na medida em que ela procura entender que, mais do que uma hierarquização de princípios, deve-se proceder à "melhor interpretação construtiva da prática jurídica da comunidade"[90].

O que se pode concluir, após essa análise dos três pensamentos sobre a dignidade da pessoa humana é que, com distintas nuances, prevalece uma ideia de ser o princípio que a assegura superior aos demais, que adquire um sentido de "metanorma", mas cuja compreensão leva ao recurso da ponderação de princípios. Essa ponderação, em que se tem o da dignidade da pessoa humana como "metanorma", entra em choque com a premissa do direito como integridade, adiante examinado, na medida em que transforma o princípio em um balizador de valores que são lançados no balanceamento com a mesma carga e peso que outros princípios histórica e institucionalmente consagrados.

2.2. Exame crítico das posições axiológicas sobre o princípio da dignidade da pessoa humana

Quando examinado o princípio da dignidade da pessoa humana tal como tratado por *Ana Paula de Barcellos*, verificou-se que resulta violado não só quando uma norma o desrespeita, mas também quando o Poder Público se omite em implementar políticas públicas:

> "O mínimo existencial corresponde ao conjunto de situações materiais indispensáveis à existência humana digna; existência aí considerada não apenas

(89) *Idem*, p. 130/131.

(90) DWORKIN: 2003 (b), p. 272.

como experiência física — a sobrevivência e a manutenção do corpo — mas também espiritual e intelectual, aspectos fundamentais em um Estado que se pretende, de um lado, democrático, demandando a participação dos indivíduos nas deliberações públicas, e, de outro, liberal, deixando a cargo de cada um seu próprio desenvolvimento."[(91)]

E prossegue, sustentando que:

"A violação do mínimo existencial — isto é, a não garantia de tais condições elementares — importa o desrespeito do princípio jurídico da dignidade da pessoa humana sob o aspecto material, ou seja, uma ação ou omissão inconstitucional. Em suma: mínimo existencial e núcleo material do princípio da dignidade da pessoa humana descrevem o mesmo fenômeno."[(92)]

O Poder Judiciário, uma vez constatada essa inconstitucionalidade, teria o dever de atuar por meio da entrega de prestações positivas, inclusive sabendo, de antemão, que a aplicação dos recursos públicos deve ser feita prioritariamente para as áreas sensíveis que giram em torno do mínimo existencial e que estão representadas pelo princípio da dignidade da pessoa humana.

A proposta, entretanto, embora bem fundamentada e aparentemente plausível, comete o equívoco de conduzir a aplicação do direito a uma ideia de priorização de princípios — no caso o princípio da dignidade da pessoa humana — , cujo conteúdo (o mínimo existencial) fica à mercê e discricionariedade do aplicador do direito. Isso porque, na medida em que os conceitos de mínimo existencial e de vedação do retrocesso são colocados como pressupostos da aplicação do princípio da dignidade da pessoa humana, eles passam a depender, para sua configuração, do entendimento do julgador, que dirá da sua presença, ou não, no caso concreto, uma atividade, aliás, que trará para si o debate político sobre alocação de recursos públicos para a resolução do caso concreto. Será o juiz que definirá se os recursos estão sendo bem empregados e se a dignidade da pessoa humana foi ou não preservada no caso concreto, podendo, assim, estabelecer, na decisão judicial, uma prestação positiva. O debate político, portanto, é transferido para o juiz, que controlará, em último momento, se a dignidade da pessoa humana está sendo efetivada ou não. Trata-se de um poder que, fundamentado na ideia de uma certa normatividade do princípio a exigir sua eficácia em concreto, acaba por se sobrepor a todos os demais.

O princípio da dignidade da pessoa humana, nesses termos, torna-se um princípio superior aos demais, que vincula o legislador a ter de realizar prestações positivas, mesmo quando claramente estiver em discordância, a partir da análise do caso concreto, com princípios que pareçam mais adequados. Em torno de uma concepção aberta e relativista da ideia de dignidade da pessoa humana, abre-se espaço para que o Judiciário defina pautas políticas, cujo fundamento encontra-se na ideia de mínimo

(91) BARCELLOS, Ana Paula de. *Op. cit.*, p. 230.

(92) *Idem, Ibidem.*

existencial e cujo conteúdo assume prevalência. Um conceito abstrato, portanto, já é suposto, de antemão, como mais relevante do que as próprias particularidades do caso concreto, que podem exigir, consoante uma aplicação íntegra do ordenamento jurídico, que outro princípio seja considerado mais apropriado.

Esse pensamento contraria, por isso, a perspectiva do direito como integridade, já que, nesse caso, a aplicação do princípio da dignidade da pessoa humana é analisado de acordo com as particularidades do caso concreto e com base no princípio de igual consideração e respeito, que vai exigir, sempre com base no caso concreto, que se assegurem os direitos constitucionais independentemente de condicionantes ou de um elenco prévio de prioridades na interpretação constitucional.

Tanto o pensamento de *Ana Paula de Barcellos*, na premissa da priorização do princípio da dignidade da pessoa humana, o de *Ingo Sarlet*, que traz à reflexão também a ideia de mínimo existencial, como o de *Humberto Ávila*, que transforma o princípio em "metanorma", a gerar o mecanismo de balanceamento, são expressões de uma concepção teórica que ganha, cada vez mais, espaço na doutrina e jurisprudência nacionais: uma perspectiva axiológica do direito, que, aparentemente mostrando o intuito de dar efetividade a princípios jurídicos e, em especial, ao princípio da dignidade da pessoa humana, acaba por torná-lo condicionado à discricionariedade do juiz, que traz para si o controle do debate axiológico e político em torno de sua aplicação. Essa corrente de pensamento deve muito às influências do constitucionalismo alemão e também da teorização apresentada por *Robert Alexy* em sua obra *Teoria dos Direitos Fundamentais*. Nela, o autor não apenas deixa claro que os princípios devem ser hierarquizados, como também estabelece um mecanismo de como trabalhar essa hierarquização. No caso, apresenta o princípio da proporcionalidade como o mecanismo que poderia melhor se coadunar com os propósitos de uma aplicação axiológica do direito, que muito, aliás, parece adequada para essa assunção política e axiológica que parece envolver os pensamentos dos renomados autores nacionais referidos.

Apreender a teoria de *Robert Alexy*, portanto, é imprescindível para essa compreensão de como o princípio da dignidade da pessoa humana, ao ser suposto como prevalente aos demais, gera uma hierarquização de princípios que, ao final, acaba por enfraquecer seu sentido normativo e transforma a atividade do juiz em um exercício da política.

2.3. A teoria de *Robert Alexy* e o princípio da proporcionalidade

A teoria de *Robert Alexy*, apresentada nas obras *Teoria dos direitos fundamentais* e *teoria da argumentação jurídica*, estabelece, como critério racional da aplicação de princípios jurídicos, a adoção do princípio da proporcionalidade, que promove, ao final, um balanceamento de princípios jurídicos de acordo com os elementos fáticos e jurídicos que o caso concreto leva ao intérprete e aplicador do direito. Esse princípio, que tem como base a ideia de que princípios jurídicos podem e devem ser hierarquizados conforme seu peso, busca responder ao anseio de mostrar que é possível apresentar uma resposta racional nesse processo, já que traz um sistema claro e eficiente, traduzido inclusive em fórmulas matemáticas e econômicas, de resolução de conflitos jurídicos. Seu pensamento, desse modo, fomenta doutrinariamente concepções, como a de *Ingo Sarlet* e *Ana Paula de Barcellos*, que buscam traçar uma prevalência de um valor — o mínimo existencial — na aplicação do direito, que, por sua vez, deve ser balanceado com outros princípios e valores no caso concreto.

O princípio da proporcionalidade e, em especial, a técnica do balanceamento defendidos por *Alexy* partem da premissa de que existem duas operações fundamentais de aplicação do direito: a subsunção e a ponderação. Em relação à última, que é a que gera mais problemas, sustenta o autor:

> "No que concerne à ponderação, ainda há muitas perguntas por responder. Há três problemas básicos: o da estrutura, o da racionalidade e o da legitimidade. Entre esses problemas existem vínculos estreitos. A legitimidade da ponderação no direito depende da racionalidade. Quanto mais racional seja a ponderação, mais legítima será a prática de ponderações. Até porque a estrutura da ponderação é decisiva para sua racionalidade. Se as análises revelarem que a ponderação é apenas uma decisão arbitrária então será questionável sua racionalidade, assim como sua legitimidade na jurisprudência, sobretudo na jurisprudência constitucional. O problema da estrutura da ponderação é, portanto, o problema central da ponderação no direito."[93]

Se o problema central da estrutura é a ponderação no direito, esse passa a ser o principal foco da teoria de *Alexy*. Essa estrutura, por isso, precisa ser mostrada para que se possa trazer racionalidade e legitimidade, no entendimento dele, para a decisão judicial. A estrutura da ponderação, por isso, seria o meio que permitiria evitar arbitrariedades na aplicação do direito. Para, contudo, entender o que *Alexy* define como a estrutura da ponderação, é preciso proceder a uma importante distinção que o autor traz entre regras e princípios.

Segundo *Robert Alexy*, norma jurídica é o gênero que compreende regras e princípios. Para compreender um e outro, utiliza a distinção entre subsunção e ponderação. Nas palavras do autor:

> "As regras são normas que ordenam algo definitivamente (...) O decisivo é, então, que se uma regra tem validade e é aplicável, é um mandato definitivo e deve fazer-se exatamente o que ela exige. (...) Como consequência, as regras são normas que sempre podem cumprir-se ou descumprir-se. Ao contrário, os princípios são normas que ordenam que algo seja realizado na maior medida do possível, de acordo com as possibilidades fáticas e jurídicas. Por isso, os princípios são *mandatos de otimização*. Como tais, se caracterizam porque podem ser

(93) ALEXY, Robert. *Teoría de la argumentación jurídica*. 2. ed. Traducción de Manuel Atienza y Isabel Espejo. Madrid: Centro de Estudios Políticos y Constitucionales, 2007. p. 349. (tradução nossa)

cumpridos em diferentes graus e porque a medida do cumprimento ordenada depende não só das possibilidades fáticas, mas também das possibilidades jurídicas. As possibilidades jurídicas se determinam mediante regras e, sobretudo, mediante princípios que jogam em sentido contrário."[94]

A partir dessa distinção, em que se estabelece que os princípios são mandatos de otimização, aparece o princípio da proporcionalidade: "o significado da diferença entre as regras e os princípios resulta do fato de que o caráter dos princípios tem uma relação de implicação com o mais importante princípio do direito constitucional material: o princípio da proporcionalidade"[95].

Para *Robert Alexy*, a aplicação da técnica do balanceamento dos princípios, entendidos como mandatos de otimização, requer a adoção de um metaprincípio que regula como se desenvolve a colisão entre os demais princípios. Esse metaprincípio é o da proporcionalidade, que se subdivide em três subprincípios: o da adequação, o da necessidade e o da proporcionalidade em sentido estrito.

E distingue:

"Os subprincípios da adequação e da necessidade expressam o mandato de otimização relativo às possibilidades fáticas. Neles a ponderação não desempenha nenhum papel. Trata-se de impedir certas intervenções nos direitos fundamentais, que sejam evitáveis sem custo para outros princípios (...). Agora bem, o princípio da proporcionalidade em sentido estrito se refere à otimização relativa às possibilidades jurídicas. Este é o campo da ponderação, o único que interessará neste texto.

O núcleo da ponderação consiste em uma relação que se denomina 'lei da ponderação' e que se pode formular da seguinte maneira:

Quanto maior seja o grau de não satisfação ou restrição de um dos princípios tanto maior deverá ser o grau de importância de satisfação do outro.

A lei da ponderação permite reconhecer que a ponderação pode dividir-se em três etapas. Na primeira, é preciso definir o grau de insatisfação ou de afetação de um dos princípios. Na segunda, estabelece-se a importância da satisfação do princípio que joga em sentido contrário. Finalmente, em uma terceira etapa, deve definir-se se a importância da satisfação do princípio contrário justifica a restrição ou a não satisfação do outro."[96]

Essa estrutura da ponderação ou balanceamento traria, uma vez aplicada juntamente com os argumentos apresentados, racionalidade à decisão. Por isso, *Alexy*, no mesmo texto, rebate os opositores da sua teoria:

---

(94) *Idem*, p. 349/350.

(95) *Idem*, p. 350.

(96) *Idem*, p. 350/351.

"Esta estrutura elementar mostra que deve rebater-se aos cépticos radicais da ponderação, como por exemplo *Habermas* ou *Schlink*, quando afirmam que a ponderação, 'para a qual fazem falta critérios racionais', se leva a cabo 'de maneira arbitrária ou irreflexiva, segundo estandartes e hierarquias com as quais se está acostumado' ou quando dizem que 'no exame da proporcionalidade em sentido estrito em definitivo (...se faz valer) só a subjetividade do juiz' e que 'as operações de valoração e ponderação do exame da proporcionalidade em sentido estrito (...) em definitivo só podem levar-se a cabo mediante o decisionismo'."[97]

Alexy responde aos críticos com a afirmação de que os juízos racionais sobre a intensidade da intervenção e os graus de importância são viáveis. Exemplifica com situações concretas em que estariam em colisão princípios constitucionais, como a liberdade de expressão e o direito à honra; proteção à saúde e liberdade de profissão, e estabelece graus de intensidade, para fundamentar resultados. Concebe, para tanto, um modelo triádico ou de três intensidades, bastante complexo e que funciona à base de um teorema:

"(...) a escala triádica oferece a vantagem de que ela reflete especialmente bem a prática da argumentação jurídica.

(...) as três espécies podem designar-se com as expressões '*leve*', '*médio*' e '*grave*' (...) caracterizados com as letras '*l*', '*m*' e '*g*'.

Segundo a lei de ponderação, o grau da não satisfação de ou da intervenção em um princípio e a importância da satisfação do outro são objeto de valoração como *l*, *m* ou *g*. (...) Quando se trata de um direito fundamental como direito de defesa, então a medida *sub judice* representa uma intervenção. As intervenções são restrições. Por conseguinte, em lugar do 'grau de restrição' pode falar-se também na 'intensidade da intervenção'.

(...) As intervenções nos princípios sempre são concretas. Por esta razão, a intensidade da intervenção é uma magnitude concreta. Como tal, se distingue do peso abstrato de *Pi*, que se denotará como '*Gpi*'.

(...) Há muitos princípios da Constituição que não se diferenciam em seu peso abstrato. Sem embargo, isto não ocorre com outros princípios. Deste modo, por exemplo, o direito à vida tem um peso abstrato maior que o da liberdade geral de ação.

(...) '*IPiC*' faz explícitos três aspectos. *Pi* põe de manifesto que se trata do princípio Pi, '*I*' que se trata da intensidade da intervenção em um princípio Pi e '*C*' que se trata de um caso concreto.

(...) Tudo isto se refere à pergunta de que é a importância concreta da satisfação do princípio contrário, de que fala a lei da ponderação. Como queira que na lei da ponderação se trata em definitivo da relação entre os dois princípios em colisão,

(97) *Idem*, p. 351.

ela só pode depender dos efeitos que a omissão ou a não execução da medida de intervenção em *Pi* tenha na satisfação do princípio contrário, que deve indicar-se como *Pj*. A importância concreta da satisfação de *Pj* se determina, portanto, segundo os efeitos que tenha sobre *Pj* a omissão da intervenção em *Pi*. (...)."[98]

As fórmulas estabelecidas por *Robert Alexy* são de grande complexidade e apresentam variantes, que não cabe aqui examinar, como a possibilidade de a colisão ocorrer entre vários princípios, para o que cria a chamada "fórmula estendida". Essas fórmulas, sem dúvida, buscam dar racionalidade e justificativa à decisão. Só para exemplificar, esta seria a denominada "fórmula estendida completa":

$$Gi - m, j - n = \frac{Ii \,.\, Gi \,.\, Si + \ldots Im \,.\, Gm \,.\, Sm}{Ij \,.\, Gj \,.\, Sj + \ldots In \,.\, Gn \,.\, Sn}$$ [99]

Analisado sinteticamente como *Alexy* tenta racionalizar, inclusive utilizando fórmulas matemáticas, o princípio da aplicação do direito por intermédio da ponderação de princípios e valores, fica a pergunta central — e que acompanha a crítica anteriormente feita em torno do pensamento de *Ana Paula de Barcellos, Ingo Sarlet* e *Humberto Ávila* — a respeito da imprescindibilidade de se proceder a uma hierarquização de princípios jurídicos, que serão aplicados mediante a estrutura da ponderação: por que hierarquizar princípios por meio da ponderação? A impressão que se tem é que, por trás dessa ideia de racionalidade, a priorização de um princípio em relação a outro é uma atividade individual e subjetiva, de modo que a decisão de para que lado a balança vai pesar depende de uma escolha discricionária do juiz. Isso, contudo, seria incompatível com um sistema jurídico em que se pretende uma aplicação íntegra do direito.

A aplicação dos princípios segundo a teoria do balanceamento convive bem com uma estrutura teleológica e axiológica que acaba por esvaziar o conteúdo normativo dos próprios princípios, na medida em que, nessa atividade, o juiz pode muito bem utilizar outros valores que não o próprio direito para estabelecer o peso de um princípio jurídico. A questão da consistência do direito, portanto, é menosprezada em favor de uma fundamentação que se dá em torno de qual valor parece mais interessante para o juiz para cumprir um determinado fim. O que se deve fazer é uma hierarquização de princípios, a definição de seu peso, e isso vai gerando graus de efetividade que variam conforme o peso do princípio encontrado. Há, assim, uma redução da normatividade dos princípios a uma escala de valores individualmente considerados. E a decisão, que deveria descobrir o direito, passa a ser correta de forma relativa, dependendo dessa gradação de valores.

(98) *Idem*, p. 357/360.

(99) *Idem*, p. 373.

Para aplicar a técnica da ponderação, *Alexy* iguala princípios e valores e delega ao juiz a possibilidade de decidir de forma discricionária qual valor deve ser aplicado ao caso concreto.

No entanto, a argumentação com base em valores não considera exclusivamente o que é correto juridicamente, mas sim o que é bom para aquela sociedade, com vistas à concretização de seus próprios fins, de modo que os argumentos de política, de funcionalidade e finalidade social passam a se sobrepor ao argumento normativo. É por isso que se pode dizer que os pensamentos de *Ana Paula de Barcellos*, *Ingo Sarlet* e *Humberto Ávila*, antes estudados, acabam por expressar essa concepção axiológica do direito, ao inserir uma hierarquização de princípios em torno da dignidade da pessoa humana que acaba por levar argumentos de política para o centro da função judicante.

Sabe-se, contudo, que os argumentos de política compõem o processo legislativo e, por isso, não compete ao juiz exercer sua discricionariedade para substituir a voz do legislador, igualando, para tanto, princípios e valores na interpretação e na aplicação da norma. Isso conduz à insegurança jurídica e nega a coerência que deve existir na aplicação do direito, a par de negar legitimidade à decisão.

Se, por outro lado, for adotada a premissa do direito como integridade, como *Dworkin* elabora e que será analisada adiante, os princípios jurídicos são entendidos deontologicamente, o que possibilita o desenvolvimento de uma teoria jurídica de interpretação constitucional e não valorativa ou moral, como a de *Alexy*. Para *Dworkin*, os princípios são normas e como tais possuem um aspecto obrigacional, de dever, que a perspectiva valorativa não alcança. Conforme esse pensamento, a sociedade é vista como uma comunidade de princípios, que pressupõe uma comunicação constante para concretizar a integridade, que exige que as normas públicas da comunidade sejam criadas e vistas, na medida do possível, de modo a expressar um sistema único e coerente de justiça e equidade.

Desse modo, ao contrário do pensamento de *Alexy*, é preciso que o julgador faça uma apropriação crítica da história institucional do direito. Para que a interpretação tenha em vista a integridade, deve levar em conta o conteúdo das decisões passadas, quem as tomou e em que circunstâncias, pois apenas assim poderá compreender a justificativa daquela decisão e aplicar de forma coerente os princípios aos casos concretos.

2.4. Os problemas de uma aplicação valorativa do princípio da dignidade da pessoa humana: a discricionariedade do julgador e a necessidade de uma postura axiológica

Para situar a questão, é necessário identificar as diferenças entre os dois autores que estabelecem as premissas deste estudo: *Ronald Dworkin*, marco teórico, e *Robert Alexy*, que dá sustentação teórica a muitas decisões judiciais e teorias constitucionais que invocam o princípio da proporcionalidade e admitem, assim, a adoção de critérios valorativos que desembocam na prevalência hierárquica do princípio da dignidade da pessoa humana sobre os demais princípios jurídicos. Por meio dessa distinção inicial, é possível, em seguida, aprofundar a compreensão sobre a teoria de *Ronald Dworkin*.

São muitas as diferenças entre os filósofos e constitucionalistas *Robert Alexy* e *Ronald Dworkin*. Enquanto o primeiro apresenta um método estrutural para resolver conflitos constitucionais em que a ideia de princípios como valores predomina, o segundo se volta para a construção de uma proposta hermenêutica, cujo foco está na consistência e coerência do sistema jurídico e cuja base está calcada na diferenciação entre argumentos de política e argumentos de princípio. O professor alemão não faz essa distinção nitidamente e sua teoria mostra muito bem que, se o método for aplicado e argumentos ali inseridos, é possível obter uma resposta racional que seja, ao mesmo tempo, legítima e correta. Já o professor norte-americano, pelo contrário, enfatiza que a questão não é de método, mas de percepção de que o papel do direito não é resolver questões políticas do que é bom para a sociedade e, sim, o que é correto para aquele caso concreto. *Alexy* apresenta uma ideia de racionalidade que crê que fórmulas em que valores são sopesados traz racionalidade à aplicação do direito. Já *Dworkin* não entra nessa discussão de fórmulas. Ele apenas mostra que a decisão tem de ser íntegra, levar em consideração todo o desenvolvimento institucional do direito e ter uma preocupação em mantê-lo consistente como em uma cadeia contínua. A racionalidade jurídica difere, assim, da racionalidade axiológica e da racionalidade política.

Por essa análise, pode-se concluir que o grande problema de uma concepção axiológica não é diretamente o princípio da proporcionalidade, mas sua aplicação com a ideia de que o objetivo do Poder Judiciário, embasando-se no princípio da dignidade da pessoa humana, é resolver os problemas do mundo, o que traduz uma confusão entre política e direito, uma realidade, infelizmente, que tem se mostrado cada vez mais presente nas decisões dos tribunais.

2.5. A efetividade de direitos por intermédio de uma reconstrução do princípio da dignidade da pessoa humana a partir do critério da integridade proposto por *Ronald Dworkin*

Ao contrário de concepções axiológicas, a postura jurídica do direito como integridade está baseada em uma proposta reconstrutiva, democrática, referenciada pelos direitos fundamentais, que empresta legitimidade à decisão e implica a adoção, pelo julgador, de uma posição discursiva, tudo com o intuito de manter o direito íntegro. Trata-se assim de uma postura hermenêutica, que reconstrói o direito ao mesmo tempo em que procura mantê-lo íntegro.

Jürgen Habermas e *Hans-Georg Gadamer* concordam com a importância da hermenêutica filosófica como promotora de uma "fusão de horizontes", habilitando o intérprete a preencher vazios a partir da compreensão de textos atuais e pretéritos; estes, como realidade histórica que possibilitam a compreensão do presente.

De acordo com a proposição de *Hans-Georg Gadamer*, "a hermenêutica é a arte do entendimento"[(100)], e a possibilidade do consenso só é alcançada ouvindo-se o outro, na sua perspectiva, sem preconceitos, ainda que discorde, para bem aplicar o Direito. Para tanto, *Gadamer* procura demonstrar a importância da tradição no processo de interpretação, que, além de depender da experiência e vivência pessoal de cada um, requer a participação do outro: "não existe nenhuma compreensão ou interpretação que não ponha em jogo a totalidade dessa estrutura existencial, mesmo quando a intenção do sujeito do conhecimento é restringir-se a uma leitura, puramente 'literal' de um texto ou deste ou daquele evento"[(101)]. *Habermas* converge com esse entendimento, embora seja crítico em relação a uma possível metafísica da tradição em *Gadamer*, ao visualizar o consenso como possibilidade de abertura para o que o outro está dizendo.

De qualquer modo, vale ressaltar que, na análise hermenêutica, em que aparece essa abertura para o outro, também a referência à tradição, ao passado, à história pode se tornar uma metafísica, tal como analisado por *Juliano Zaiden Benvindo* em seu livro *Racionalidade jurídica e validade normativa:* da metafísica à reflexão democrática[(102)]. Segundo o autor, também na aplicação hermenêutica, é possível a construção metafísica da tradição no processo de compreender. Para o autor, a hermenêutica da tradição, por mais que retrate essa reconstrução histórica, ainda corre o risco de se transformar em uma metafísica, isto é, em um fundamento irrefletido no direito. Essa seria, aliás, uma importante distinção em relação à hermenêutica que se poderia encontrar em *Jürgen Habermas.* Conforme suas palavras:

> "A validade do preconceito, estabelecida pela tradição, permanece, em *Gadamer*, no mesmo patamar dos preconceitos. A crítica fica enclausurada em seu envolvimento com os diversos interesses sociais, caso não seja a intersubjetividade lançada ao plano de uma validade não factual. Em termos mais claros, enquanto substancializados os preconceitos como condição do compreender e não desenvolvidos como uma ideia regulativa, a hermenêutica da tradição confunde a validade com a facticidade. A intersubjetividade, para uma perspectiva crítica desenvolvida pela pragmática universal da linguagem de *Habermas*, necessita ser entendida como uma orientação não coerciva do agir. Porém, a hermenêutica da tradição, ao tentar estabelecer os preconceitos como condição do compreender, validados no mesmo plano da facticidade, faz com que a intersubjetividade que valida o conhecimento e a ação seja contaminada pelos interesses tradicionalmente concebidos e que estrategicamente dificultam o projeto

(100) GADAMER, Hans-Georg. *Verdade e método I*. 8. ed. Tradução de Flávio Paulo Meurer e revisão da tradução de Enio Paulo Giachini. Petrópolis: Vozes; Bragança Paulista: Universitária São Francisco, 2007. p. 292.

(101) *Idem*, p. 43.

(102) BENVINDO, Juliano Zaiden. *Racionalidade jurídica e validade normativa:* da metafísica à reflexão democrática. Belo Horizonte: Argvmentvm, 2008.

emancipatório como reflexão. Se a tradição, para essa hermenêutica, tem de ser pressuposta como condição validante do compreender, sem que dela se transcenda, a reflexão não radicaliza a própria facticidade. *Habermas* salienta que 'a reflexão não trabalha na facticidade das normas transmitidas (*uberlieferten*) sem deixar vestígios'. E os vestígios nada mais são do que a própria incompreensão da ideologia que pode estar presente na pressuposição preconceitual."(103)

Por isso, uma análise hermenêutica precisa enfocar, sobremaneira, o discurso, como forma de inclusão do outro e também como crítica da tradição e do passado. Na *Teoria do agir comunicativo* aplicada ao direito, o princípio da democracia aparece como a própria expressão do discurso e, a partir dessa premissa, a construção do direito está diretamente conectada com a participação pública em torno dos pressupostos que fundamentam o agir, enquanto institucionalizados na figura do direito positivo e que expressam horizontes de compreensão compartilhados. Leia-se:

> "Já vimos como a jurisdição, ao levar em conta aspectos da aplicação, torna a desatar o feixe dos diferentes tipos de argumentos introduzidos no processo de normatização, fornecendo uma base racional para as pretensões de legitimidade do direito vigente."(104)

Para *Gadamer*, a perspectiva hermenêutica importa em admitir a verdade do outro, a sua perspectiva, sem preconceitos, ainda que haja discordância. E deixa claro que a compreensão abre a possibilidade de superar as pré-compreensões. Isso é fundamental para a democracia e para o exercício dos direitos fundamentais, o que foi também apreendido na perspectiva da teoria do discurso desenvolvida por *Habermas*. Essa concepção lhe permite, ainda, abordar a grande questão da legalidade e da legitimidade:

> "A proposta de uma interpretação dos direitos fundamentais à luz da teoria do discurso deve servir para esclarecer o nexo interno entre direitos humanos e soberania do povo, como também solucionar o paradoxo da legitimidade que surge da legalidade."(105)

As normas gerais e abstratas inauguram a complexidade do direito. A hermenêutica lida com a linguagem implícita e dota aquele que a utiliza de capacidade de compreensão. *Habermas* expressa preocupação com a hermenêutica jurídica e identifica como ponto positivo na teoria gadameriana a rejeição ao positivismo, pois o desconstruir e o reconstruir importam em eu me colocar no lugar do outro e assim compreendê-lo. O outro passa, então, a ser o foco da reconstrução do direito, que, no pensamento de *Habermas*, bastante influenciado por *Dworkin* no que atina à aplicação

---

(103) *Idem*, p. 158.

(104) HABERMAS, Jürgen. *Direito e democracia entre facticidade e validade*. 2. ed. Tradução de Flávio Beno Siebeneichler. Rio de Janeiro: Tempo Brasileiro, 2003. v. I e II, p. 352.

(105) *Idem*, p. 160.

do direito, verificar-se-á na preocupação em "satisfazer, simultaneamente, ao princípio da segurança e da pretensão de legitimidade do direito"[106].

Essa perspectiva do outro no processo de reconstrução hermenêutica, a preocupação com a segurança jurídica e a legitimidade do direito são o que está por trás do pensamento do direito como integridade de *Ronald Dworkin*.

2.6. A visão do direito como integridade segundo *Ronald Dworkin*

A postura do direito como integridade torna-se importante justamente quando tratamos de direitos e liberdades fundamentais. Levar os direitos a sério é considerar esta visão hermenêutica do direito, que deve se apoiar em fundamentos sustentados em princípios publicamente justificados, e não em valores individuais, aceitos sem a necessária abertura para o outro.

A consequência democrática desse pensamento é evidente. De acordo com *Ronald Dworkin*, é possível compreender a democracia como uma forma de governo em que os cidadãos atuam como parceiros em um coempreendimento governamental. Mas é necessário que esses mesmos cidadãos tenham motivos para se sentir parceiros nesse empreendimento[107]. Daí a relevância dos imperativos do constitucionalismo e da proteção dos direitos e liberdades fundamentais. Nas palavras de *Dworkin*:

> "Os cidadãos só podem sentir-se parceiros num empreendimento coletivo de governo dos cidadãos se lhes são assegurados certos direitos individuais. Quais são esses direitos? Os direitos antidiscriminatórios, com certeza. A parceria é uma questão de respeito mútuo: não posso ser parceiro de uma sociedade cujas leis me declaram cidadão de segunda classe. A liberdade de expressão é outro direito indispensável. Não sou um parceiro se a maioria considera minhas opiniões ou meus gostos tão perigosos, chocantes ou indignos que ninguém esteja autorizado a ouvi-los. Isto é válido mesmo se eu for um neonazista que nega o holocausto ou um seguidor sectário e racista de *Le Pen*. É ilegítimo aplicar leis contra mim, qualquer que seja sua justeza ou sabedoria, se o papel de parceiro no debate político que as produziu não me é reconhecido. (...) Finalmente, certas liberdades de consciência também se impõem — a liberdade de religião ou de ética pessoal, por exemplo, da qual dependem as decisões relativas ao aborto ou à eutanásia. Com efeito, dificilmente eu poderia considerar-me parceiro de um coempreendimento que se arroga o direito de tomar por mim decisões que devo insistir em tomar pessoalmente, em nome da dignidade pessoal."[108]

---

(106) *Idem*, p. 261.

(107) Para Dworkin, "nós nos governamos como parceiros de uma *joint venture*, cada cidadão podendo considerar as ações da sociedade inteira como sendo também, indiretamente, suas próprias ações. Entretanto, se é esta nossa pretensão, temos de nos esforçar para ser dignos dela. Temos de tentar organizar nossa política de maneira a que todos os cidadãos tenham motivos para se sentir parceiros" (In: DARNTON, Robert; DUHAMEL, Olivier (orgs.). *Democracia*. Tradução de Clóvis Marques. Rio de Janeiro: Record, 2001. p. 160).

(108) *Apud* DARNTON, Robert; DUHAMEL, Olivier (orgs.). *Op. cit.*, p. 160/161.

A garantia de direitos e liberdades fundamentais, a serem exercidos segundo convicções pessoais dos cidadãos e a partir das escolhas tomadas pessoalmente por esses mesmos cidadãos, não impede que ocorram divergências com relação à forma de exercício de tais direitos e liberdades. Pelo contrário, fica assegurado o respeito aos cidadãos que, como indica *Dworkin*, expressam diferentes concepções acerca de valores como equidade e justiça. Aqui entra o importante argumento dworkiniano da integridade como ideal político, formulado a partir da exigência de que as pessoas ajam com integridade nas questões importantes, isto é, de acordo com suas convicções como um todo. Segundo o jusfilósofo:

> "A integridade torna-se um ideal político quando exigimos o mesmo do Estado ou da comunidade considerados como agentes morais, quando insistimos em que o Estado aja segundo um conjunto único e coerente de princípios mesmo quando seus cidadãos estão divididos quanto à natureza exata dos princípios de justiça e equidade corretos. Tanto no caso individual quanto no político, admitimos a possibilidade de reconhecer que os atos das outras pessoas expressam uma concepção de equidade, justiça ou decência mesmo quando nós próprios não endossamos tal concepção. Essa capacidade é uma parte importante de nossa capacidade mais geral de tratar os outros com respeito, sendo, portanto, um requisito prévio de civilização."(109)

Com efeito, para *Dworkin*, a premissa da integridade — aplicável também ao direito — informa que os princípios não devem ser aplicados casuisticamente, mas "de modo a expressar um sistema único e coerente de justiça e equidade na correta proporção". Vale transcrever de *Jürgen Habermas*: "quando *Dworkin* fala de argumentos de princípios que são tomados para a justificação externa de decisões judiciais, ele tem em mente, na maioria das vezes, princípios do direito que resultam da aplicação do princípio do discurso no código jurídico"(110). Como preleciona *Ronald Dworkin*:

> "O direito como integridade pede que os juízes admitam, na medida do possível, que o direito é estruturado por um conjunto coerente de princípios sobre a justiça, a equidade e o devido processo legal adjetivo, e pede-lhes que os apliquem nos novos casos que se lhes apresentem, de tal modo que a situação de cada pessoa seja justa e equitativa segundo as mesmas normas. Esse estilo de deliberação judicial respeita a ambição que a integridade assume, a ambição de ser uma comunidade de princípios."(111)

Classifica a integridade em dois princípios: a) "da integridade na legislação, que pede aos que criam o direito por legislação que o mantenham coerente com os princípios", e b) "da integridade no julgamento: pede aos responsáveis por decidir o que é a lei, que a vejam e façam cumprir como sendo coerente nesse sentido"(112).

---

(109) DWORKIN, Ronald. *O império do direito*. Tradução de Jefferson Luiz Camargo. São Paulo: Martins Fontes, 2003. p. 202.

(110) HABERMAS, Jürgen. *Direito e democracia entre facticidade e validade*. 2. ed. Tradução de Flávio Beno Siebeneichler. Rio de Janeiro: Tempo Brasileiro, 2003. v. I e II, p. 256.

(111) DWORKIN, Ronald. *O império do direito*. Tradução de Jefferson Luiz Camargo. São Paulo: Martins Fontes, 2003. p. 291.

(112) *Idem*, p. 203.

Para expor a complexa estrutura da interpretação jurídica, *Dworkin* cria a figura do juiz Hércules, "de capacidade e paciência sobre-humanas, que aceita o direito como integridade"(113). "Criterioso e metódico", esse juiz,

> "assim como um romancista em cadeia, deve encontrar, se puder, alguma maneira coerente de ver um personagem e um tema, tal que um autor hipotético com o mesmo ponto de vista pudesse ter escrito pelo menos a parte principal do romance até o momento em que este lhe foi entregue."(114)

Utiliza para tanto a figura do "romance em cadeia", em que cada capítulo é escrito por um autor diferente, mas que, concluído, produz uma unidade como se um único autor o tivesse produzido:

> "Em tal projeto, um grupo de romancistas escreve um romance em série; cada romancista da cadeia interpreta os capítulos que recebeu para escrever um novo capítulo, que é então acrescentado ao que recebe o romancista seguinte, e assim por diante. Cada um deve escrever seu capítulo de modo a criar da melhor maneira possível o romance em elaboração, e a complexidade dessa tarefa reproduz a complexidade de decidir um caso difícil de direito como integridade."(115)

Um caso de direito consuetudinário "pede ao juiz que se considere como um autor na cadeia do direito consuetudinário", examinando as decisões pretéritas "como parte de uma longa história que ele tem de interpretar e continuar, de acordo com suas opiniões sobre o melhor andamento a ser dado à história em questão"(116).

A deliberação judicial requer, ainda, que:

> "até onde seja possível, nossos juízes tratem nosso atual sistema de normas públicas como se este expressasse e respeitasse um conjunto coerente de princípios e, com esse fim, que interpretem essas normas de modo a descobrir normas implícitas entre e sob as normas explícitas."(117)

A teoria da integridade exposta por *Ronald Dworkin*, de interpretação do texto constitucional, baseia-se, assim, em princípios, pelo prisma dos fundamentos do direito, aprofundando o estudo da aplicação das normas jurídicas. Para tanto, o julgador deve levar em consideração o conteúdo das decisões pretéritas, buscando, a partir do caso concreto, ver como se poderia manter íntegro o desenvolvimento do direito, inclusive para o futuro.

A ideia de igual consideração e respeito, necessária em uma comunidade de princípios, revela a importância da postura hermenêutica para a atividade de compreensão do outro. A proposta de uma comunidade de princípios é que conduz à formulação da premissa do direito como integridade.

---

(113) *Idem*, p. 287.

(114) *Idem*, p. 288.

(115) *Idem*, p. 276.

(116) *Idem*, p. 286.

(117) *Idem*, p. 261.

Prossegue *Dworkin* orientando que:

"Uma interpretação de qualquer parte de nosso direito deve, portanto, levar em consideração não somente a substância das decisões tomadas por autoridades anteriores, mas também o modo como essas decisões foram tomadas: por quais autoridades e em que circunstâncias."

Distingue a função do juiz da do legislador, acentuando que este "não precisa de razões de princípio para justificar as regras que aprova, ainda que essas regras venham a criar direitos e deveres para o futuro que serão então impostos pela ameaça coercitiva"(118), explicitando:

"O direito como integridade pressupõe, contudo, que os juízes se encontram em situação muito diversa daquela dos legisladores. Não se adapta à natureza de uma comunidade de princípio o fato de que um juiz tenha autoridade para responsabilizar por danos as pessoas que agem de modo que, como ele próprio admite, nenhum dever legal as proíbe de agir. Assim, quando os juízes elaboram regras de responsabilidade não reconhecidas anteriormente, não têm a liberdade que há pouco afirmei ser uma prerrogativa dos legisladores. Os juízes devem tomar suas decisões sobre o *common law* com base em princípios, não em política: devem apresentar argumentos que digam por que as partes realmente teriam direitos e deveres legais 'novos' que eles aplicaram na época em que essas partes agiram, ou em algum outro momento pertinente do passado."(119)

Mais adiante, complementa o raciocínio:

"O direito como integridade, então, exige que um juiz ponha à prova sua interpretação de qualquer parte da vasta rede de estruturas e decisões políticas de sua comunidade, perguntando-se se ela poderia fazer parte de uma teoria coerente que justificasse essa rede como um todo.

(...)

É por isso que imaginamos um juiz hercúleo, dotado de talentos sobre-humanos e com um tempo infinito a seu dispor. Um juiz verdadeiro, porém, só pode imitar Hércules até certo ponto. Pode permitir que o alcance de sua interpretação se estenda desde os casos imediatamente relevantes até os casos pertencentes ao mesmo campo ou departamento geral do direito, e em seguida desdobrar-se ainda mais, até onde as perspectivas lhe pareçam mais promissoras."(120)

Compreendidas as premissas do direito como integridade, percebe-se o quão importante esse pensamento pode se revelar para a crítica a concepções axiológicas que hoje prevalecem na aplicação do direito, em especial aquelas que buscam apresentar o princípio da dignidade da pessoa humana como um princípio superior aos

(118) *Idem*, p. 292.

(119) *Idem*, p. 292/293.

(120) *Idem*, p. 294.

demais. É possível, por isso, considerando as decisões referidas neste trabalho, encontrarelementos para o estudo do princípio da dignidade da pessoa humana conforme a premissa do direito como integridade.

O objetivo do próximo capítulo é, por isso, dar um breve panorama da aplicação do princípio da dignidade da pessoa humana pelos tribunais, para, ao final, realizar uma análise crítica de duas importantes decisões judiciais que trouxeram à tona o debate em torno do princípio da dignidade da pessoa humana: os julgamentos sobre aborto do anencéfalo e as pesquisas envolvendo células embrionárias. Com essa análise, é possível verificar como esse princípio tem sido normalmente aplicado pelos tribunais e como as diversas concepções se apresentam no momento da aplicação do direito.

De qualquer modo, no tema específico da dignidade da pessoa humana, é interessante verificar como *Dworkin* o associa à ideia de liberdade e como isso se relaciona ao seu entendimento sobre o direito como integridade.

Capítulo III

O Princípio da Dignidade da Pessoa Humana nas Decisões Judiciais

3.1. A utilização jurisdicional do princípio da dignidade da pessoa humana

No âmbito do Tribunal Superior do Trabalho, há vários exemplos demonstrativos da aplicação do princípio da dignidade da pessoa humana com a finalidade de suprir lacuna legislativa: 1) o ERR-439.041/1998, em que se afirmou que:

> "O repúdio à atitude discriminatória, objetivo fundamental da República Federativa do Brasil (art. 3º, inciso IV), e o próprio respeito à dignidade da pessoa humana, fundamento basilar do Estado Democrático de Direito (art. 1º, inciso III), *sobrepõem-se à própria inexistência de dispositivo legal* que assegure ao trabalhador portador de vírus HIV estabilidade no emprego."[121]

2) o A-E-RR-818/2002-017-02-00.3, em que se alegou que:

> "*Não obstante ainda não tenha sido promulgada lei específica* relativa à garantia de emprego do portador do vírus HIV, a interpretação dos princípios constitucionais do direito à vida, ao trabalho, à dignidade da pessoa humana e à igualdade justificam a ordem de reintegração, desde que caracterizada a dispensa arbitrária e discriminatória."[122]

O outro exemplo pode ser encontrado nos autos dos E-ED-RR-614.922/1999.6, em que se atribuiu determinados efeitos ao contrato de trabalho nulo, à consideração

---

(121) Relator o Min. João Oreste Dalazen, DJU de 23.5.2003.

(122) Relator o Min. João Oreste Dalazen, DJU de 11.4.2006. No mesmo sentido, RR-906/2004-006-04-00.2, de nossa Relatoria, em que ficou consignado: "... o direito do portador do HIV à estabilidade no emprego encontra apoio no conjunto de diversas garantias constitucionais, em especial, a dignidade da pessoa humana, os valores sociais do trabalho e da livre iniciativa (art. 1º, III e IV); o objetivo de promoção do bem de todos, sem discriminação (art. 3º, IV); a isonomia de tratamento e a vedação de atos discriminatórios (art. 5º, *caput* e XLI); a proteção contra despedida arbitrária (art. 7º, I)".

de que, refletindo a tensão existente entre o princípio da supremacia da Constituição e o princípio da dignidade da pessoa humana, a Súmula n. 363 do TST, aplicada, afirma a nulidade da contratação de servidor público sem concurso público, mas impõe à Administração o dever de pagar o saldo de salário e os valores referentes aos depósitos do FGTS (DJ 12.5.2006). No mesmo sentido, pode-se indicar a decisão no RR-1631/2005-052-11-00.8, que fundamentou a condenação ao recolhimento dos depósitos do FGTS, em hipótese de contrato nulo por ausência de concurso público, no princípio da dignidade da pessoa humana[(123)]. Outros exemplos importantes, no âmbito do Tribunal Superior do Trabalho, são o RR-750.094/2001.2, em que foram invocados princípios constitucionais, em especial o da dignidade humana, para decidir que o empregado estrangeiro (paraguaio) sem documentação regular, por esse motivo, não pode ter declarada a nulidade do contrato de trabalho mantido no Brasil (DJU 29.9.2006); o RR-792/2005-015-10-00, que se fundamentou no princípio da dignidade da pessoa humana para a definição da condenação imposta, originariamente pelo TST, ao pagamento de indenização por dano moral a trabalhador que teve justa causa desconstituída em juízo, à consideração de que ocorrera hipótese de abuso de direito porque atribuída ao autor da ação falta capitulada como crime (furto), gerando o direito a reparação por danos morais.

Por outro lado, o Pleno do Tribunal Superior do Trabalho reafirmou, em sessão de 7.12.2006, o entendimento consubstanciado na Orientação Jurisprudencial n. 199 da SBDI-1[(124)], de que o contrato celebrado para exercício do trabalho em atividades ilícitas não produz qualquer efeito. No caso, tratava-se de hipótese de prestação de serviços vinculados ao denominado "jogo do bicho", definido em lei como contravenção penal. Segundo a teoria dos atos jurídicos, sendo ilícito o objeto do contrato, nenhum efeito é produzido (arts. 104 e 166 do Código Civil). Nessa linha, o TST invocou a preservação da ordem e da segurança jurídicas para negar ao contrato de trabalho proclamado nulo qualquer efeito. O posicionamento vencido mantinha, contudo, o entendimento, sustentado em votos pretéritos, no sentido de reconhecer o direito do empregado à tutela da CLT, à consideração do princípio da dignidade da pessoa humana. No caso, fora justificado que a dignidade da pessoa humana, segundo a premissa da integridade do direito, não pode ser afetada por elementos externos; assim, o objeto social lícito ou ilícito, como determinante da irradiação de efeitos do contrato de trabalho. Não é possível restituir o serviço prestado, devendo ser paga uma indenização, no mínimo a prevista na Súmula n. 363/TST, ao prestador de serviços. No voto vencido, ficou bastante enfatizado que negar qualquer eficácia jurídica ao contrato laboral significa locupletar o infrator e desconsiderar a garantia constitucional inscrita na Carta, art. 1º, III e IV —, dignidade da pessoa humana e valor social do trabalho, a par de ser incompatível com os princípios da primazia da realidade e da proteção.

---

(123) Também nos ED ERR 615944/1999.9 justificou-se o entendimento expresso na Súmula n. 363 no princípio da dignidade da pessoa humana.

(124) "Jogo do bicho. Contrato de trabalho. Nulidade. Objeto ilícito. arts. 82 e 145 do Código Civil."

No âmbito de outros Tribunais da Federação, o princípio da dignidade da pessoa humana também tem sido continuamente empregado. São exemplos, no Supremo Tribunal Federal, o HC n. 89.176/PR e o HC n. 85.327/SP, em que ficou assentado que "o direito de defesa materializa uma das expressões do princípio da dignidade da pessoa humana"(125); o HC n. 86.915/SP, em que se invocou o mesmo princípio para deferir o *habeas corpus* em razão da duração prolongada da prisão cautelar(126). No Superior Tribunal de Justiça, no REsp 802.435/PE, sustentou-se que "o direito à indenização por danos morais e materiais a cidadão mantido ilegalmente preso por treze anos, onde contraiu enfermidade grave e cegueira, qualifica o ato estatal de ofensivo à dignidade da pessoa humana". Exemplo emblemático na jurisprudência, resultou em condenação ao pagamento de indenização por dano moral, no valor de R$ 1.844.000,00 (um milhão, oitocentos e quarenta e quatro mil reais), decorrente de ilegal encarceramento, à míngua de condenação em pena privativa de liberdade. Anotou o Relator "retratar a lide um dos mais expressivos atentados aos direitos fundamentais da pessoa humana"(127).

Esses casos concretos bem retratam que o princípio da dignidade da pessoa humana é utilizado, nos tribunais, para os mais diferentes propósitos. A importância que o princípio tem adquirido é bastante acentuada, tendo sido empregado como uma justificativa suficiente às decisões. Não se observam, contudo, críticas ao seu uso indiscriminado. Por outro lado, incomoda o fato de que seu significado alcança as mais diversas interpretações, sem que sejam acompanhadas de uma compreensão mais cuidadosa e trabalhada de seu conteúdo. Normalmente, as decisões apenas apresentam o princípio; não há verdadeiramente uma discussão de seu conteúdo dentro de uma compreensão abrangente do ordenamento jurídico e da perspectiva de mantê-lo consistente. Ao contrário, o que vem ocorrendo é que sua aplicação tem sido acompanhada de uma justificação valorativa e hierárquica, como se o princípio da dignidade da pessoa humana fosse o maior dos princípios jurídicos. A consequência, como antes discutido, pode ser a adoção arbitrária de critérios valorativos do julgador para a decisão do caso concreto.

Essas decisões, por isso, ilustram sinteticamente como normalmente tem sido utilizado o princípio da dignidade da pessoa humana na jurisprudência pátria. Faz-se

(125) Relator o Min. Gilmar Mendes, DJU de 22.9.2006 e DJ 20.10.2006, respectivamente.

(126) Relator o Min. Gilmar Mendes, julgado em 21.2.2006.

(127) Relator o Ministro Luiz Fux, que acentuou: "Sob esse enfoque temos assentado que a exigibilidade a qualquer tempo dos consectários às violações dos direitos humanos decorre do princípio de que o reconhecimento da dignidade humana é o fundamento da liberdade, da justiça e da paz, razão por que a Declaração Universal inaugura seu regramento superior estabelecendo no art. 1º que 'todos os homens nascem livres e iguais em dignidade e direitos'. Deflui da Constituição Federal que a dignidade da pessoa humana é premissa inarredável de qualquer sistema de direito que afirme a existência, no seu corpo de normas, dos denominados direitos fundamentais e os efetive em nome da promessa da inafastabilidade da jurisdição, marcando a relação umbilical entre os direitos humanos e o direito processual". O mesmo raciocínio se aplica no AgRg nos EREsp 796509/RS, quando, com base no princípio da dignidade da pessoa humana, garantiu-se o fornecimento de medicamentos pelo Estado ao necessitado (DJ 30.10.2006). No EREsp 446077/DF, Relator o Ministro Paulo Medina, a 3ª Seção convalidou situação de fato ilegal, com base na teoria do fato consumado em concurso público, dada a preponderância dos princípios da dignidade da pessoa humana, boa-fé e segurança jurídica, sobre o princípio da legalidade estrita (DJ 28.6.2006).

necessário, no entanto, ir além: é preciso analisar cuidadosamente o conteúdo de certas decisões judiciais para verificar como as distintas concepções em torno do princípio da dignidade da pessoa humana se apresentam. É este o objetivo a seguir: por meio da investigação crítica de duas decisões do Supremo Tribunal Federal — referentes aos temas do aborto do anencéfalo e da pesquisa envolvendo células embrionárias —, pode-se constatar como prevalecem concepções axiológicas na interpretação deste princípio, ao mesmo tempo em que já aparecem algumas evidências de preocupação com a integridade do direito.

3.2. Decisão do Supremo Tribunal Federal na ADPF n. 54-8-MC/DF. Antecipação terapêutica do parto em casos de gravidez de feto anencéfalo

Em 17.6.2004, a Confederação Nacional dos Trabalhadores na Saúde — CNTS ajuizou, no Supremo Tribunal Federal, a ação de Arguição de Descumprimento de Preceito Fundamental n. 54-8/DF. A entidade pretendia que fosse dada interpretação conforme aos arts. 124, 126 e 128, I e II, do Código Penal, de modo a que fosse declarada inconstitucional a interpretação desses dispositivos que conduzisse ao impedimento da antecipação terapêutica do parto em casos de gravidez de feto anencéfalo.

A Confederação articulou com o envolvimento, no caso, de preceitos fundamentais, concernentes aos princípios constitucionais da dignidade da pessoa humana (art. 1º, III), da legalidade, em seu conceito maior, da liberdade e autonomia da vontade (art. 5º, II) e ao direito à saúde (arts. 6º e 196). A entidade buscou, ainda, mostrar que a interrupção da gravidez de feto anencéfalo não se confunde com o aborto. Isso porque, nesse último, a morte do feto resulta diretamente dos meios abortivos, havendo a necessidade de comprovar essa relação causal e a possibilidade de vida extrauterina. Já no caso do feto anencéfalo, o óbito resulta de má-formação congênita, sendo que não há viabilidade de vida extrauterina.

A justificativa do pedido deduzido na ADPF fundava-se estreitamente no princípio da dignidade da pessoa humana. Para os fins desta pesquisa, merece ser observada a utilização desse princípio, tanto na argumentação da Confederação, quanto na dos Ministros do Supremo Tribunal Federal.

Segundo a CNTS, o princípio da dignidade da pessoa humana definiria um espaço de integridade moral que deve ser assegurado a todas as pessoas, tão somente por sua existência no mundo. Observou que o princípio "relaciona-se tanto com a liberdade e valores do espírito quanto com as condições materiais de subsistência", e que os direitos da personalidade correspondem a dimensões da dignidade. Partindo da classificação dos direitos da personalidade em direitos à integridade física e em direitos à integridade moral, a Confederação afirmou que negar à mulher o direito ao aborto, nos casos de anencefalia, compara-se à prática de tortura:

"A relevância desses direitos para a hipótese aqui em discussão é simples de ser demonstrada. Impor à mulher o dever de carregar por nove meses um feto que sabe, com plenitude de certeza, não sobreviverá, causando-lhe dor, angústia e frustração, importa violação de ambas as vertentes da dignidade da pessoa humana. A potencial ameaça à integridade física e os danos à integridade moral e psicológica na hipótese são evidentes. A convivência diuturna com a triste realidade e a lembrança ininterrupta do feto dentro de seu corpo, que nunca poderá se tornar um ser vivo, podem ser comparadas à tortura psicológica. A Constituição Federal, como se sabe, veda toda forma de tortura (art. 5º, III) e a legislação infraconstitucional define a tortura como situação de intenso sofrimento físico ou mental (acrescente-se: causada intencionalmente ou que possa ser evitada)."[128]

De acordo com a Confederação, portanto, a negativa do direito ao aborto implicaria, no caso, ameaça à integridade física e moral da mulher, violando a dupla dimensão da dignidade da pessoa humana.

A entidade deduziu pedido liminar: a suspensão do andamento de processos ou dos efeitos de decisões judiciais que pretendessem aplicar ou que tivessem aplicado os arts. 124, 126 e 128, I e II, do Código Penal nos casos de antecipação terapêutica do parto de fetos anencéfalos. Em 1º.7.2004, a liminar foi deferida pelo Ministro Relator, Marco Aurélio Mello, que, além de determinar o sobrestamento dos processos e decisões não transitadas em julgado, reconheceu o direito constitucional da gestante de submeter-se à operação terapêutica de parto de fetos anencéfalos, desde que houvesse laudo médico atestando a deformidade. O Ministro destacou cuidar-se, a um só tempo, "do direito à saúde, do direito à liberdade em seu sentido maior, do direito à preservação da autonomia da vontade, da legalidade e, acima de tudo, da dignidade da pessoa humana"[129]. O seguinte excerto é significativo da argumentação do Ministro:

> "Em questão está a dimensão humana que obstaculiza a possibilidade de se coisificar uma pessoa, usando-a como objeto. Conforme ressaltado na inicial, os valores em discussão revestem-se de importância única. A um só tempo, cuida--se do direito à saúde, do direito à liberdade em seu sentido maior, do direito à preservação da autonomia da vontade, da legalidade e, *acima de tudo, da dignidade da pessoa humana.* (...) Diante de uma deformação irreversível do feto, há de se lançar mão dos avanços médicos tecnológicos, postos à disposição da humanidade não para simples inserção, no dia a dia, de sentimentos mórbidos, mas, justamente, para fazê-los cessar. No caso da anencefalia, a ciência médica atua com margem de certeza igual a 100%. (...) Então, manter-se a gestação resulta em impor à mulher, à respectiva família, danos à integridade moral e psicológica, além dos riscos físicos reconhecidos no âmbito da medicina. Como registrado na inicial, a gestante convive diuturnamente com a triste realidade e a lembrança ininterrupta do feto, dentro de si, que nunca poderá se tornar um ser vivo. Se assim é —

(128) Petição inicial da ADPF-58-8/DF, p. 16.

(129) STF — Decisão-liminar Ministro Relator Marco Aurélio Mello, de 1º.7.2004.

e ninguém ousa contestar —, trata-se de situação concreta que foge à glosa própria ao aborto — que conflita com a dignidade humana, a legalidade, a liberdade e a autonomia da vontade."

Em 20.10.2004, por maioria, o Supremo Tribunal Federal, após alentadas e relevantes discussões preliminares acerca da revogabilidade da cautelar previamente à solução do tema da adequação da ação ajuizada, referendou a primeira parte da liminar concedida, para sobrestar os processos e decisões não transitadas em julgado versando a mesma matéria e a revogou, na segunda parte, em que reconhecia o direito constitucional de a gestante submeter-se à operação terapêutica de parto de fetos anencéfalos, com efeitos *ex nunc*.

Valendo-se do mesmo princípio da dignidade da pessoa humana, utilizado na petição inicial para justificar a interrupção da gravidez, o Ministro Eros Grau afirmou a salvaguarda dos direitos do nascituro desde a concepção e a dignidade do feto, para propor, naquela assentada, com êxito, a revogação da segunda parte da liminar.

O Supremo Tribunal Federal já havia esboçado uma opinião acerca do direito à antecipação do parto, em caso de feto anencéfalo, no julgamento do HC n. 84.025/RJ. O processo iniciara com um pedido de autorização judicial para interrupção da gravidez, uma vez que a gestante constatara por exames médicos que o feto era portador de anencefalia. O juízo criminal de Teresópolis-RJ indeferiu liminarmente o pedido, ao argumento de que o pleito não se enquadrava nas hipóteses de exclusão de ilicitude previstas no art. 128 do CP. Em seguida, o Ministério Público do Estado do Rio de Janeiro apelou ao Tribunal de Justiça, que, em decisão monocrática, concedeu a medida liminar autorizando a realização da intervenção cirúrgica com o fito de interromper a gestação.

Diante da decisão da relatora do processo no Tribunal de Justiça, dois advogados (sendo um deles desembargador aposentado da mesma Corte), *completamente alheios ao processo*, interpuseram agravo regimental, enquanto o desembargador presidente da Segunda Câmara Criminal suspendeu a decisão monocrática anterior. Não obstante, o Colegiado, negando provimento ao apelo, veio a confirmar a decisão que autorizara a interrupção da gravidez.

Outro fato inusitado se fez presente no processo. Antes mesmo do julgamento do agravo regimental pelo TJ, um padre de Anápolis-GO, *também alheio ao processo*, impetrou *habeas corpus* perante o STJ, objetivando desconstituir a decisão monocrática que permitira o aborto eugênico.

De pronto, a Ministra Laurita Vaz concedeu liminar, sustando a decisão do Tribunal de Justiça, ao mesmo tempo em que requereu informações à Corte, que foram prestadas em 18.12.2003, às vésperas do recesso judiciário. A par da urgência que o processo exigia, o *habeas corpus* foi julgado apenas em 18.2.2004, ocasião em que foi dada a ordem para reformar a decisão proferida pelo Tribunal de Justiça.

Em face da decisão do Superior Tribunal de Justiça, a gestante, a ANIS — Instituto de Bioética, Direitos Humanos e Gênero, a THEMIS — Assessoria Jurídica e Estudos de Gênero e a Agência de Direitos Humanos: Gênero, Cidadania e Desenvolvimento impetraram o *Habeas Corpus* n. 84.025 perante o Supremo Tribunal Federal, alegando: a) coação da liberdade por proibição de antecipação de parto; b) inocorrência de crime de aborto; c) necessidade de tutela à saúde física e mental da paciente; e d) desrespeito ao princípio da dignidade da pessoa humana.

O *writ*, contudo, não chegou a ser julgado pelo STF. Na sessão de julgamento, o Ministro-Relator, Joaquim Barbosa, informou que a criança havia nascido e vivera apenas sete minutos[(130)]. Apesar disso, o relator consignou seu voto. Admitiu estar diante de situações contrapostas: o direito à vida, num sentido amplo, e o direito à liberdade, à intimidade e à autonomia privada, num sentido estrito, buscando o HC tutelar a liberdade de opção da mulher em dispor de seu próprio corpo na situação especial referida. Resulta do voto do Ministro Joaquim Barbosa tratar-se de hipótese de "proceder à ponderação entre os valores jurídicos tutelados pelo direito", entendendo que, "no caso em tela, deve prevalecer a dignidade da mulher, deve prevalecer o direito de liberdade desta de escolher aquilo que melhor representa seus interesses pessoais, suas convicções morais e religiosas, seu sentimento pessoal"[(131)].

Os acontecimentos que culminaram no HC n. 84.025 representavam o início de uma discussão que seria intensificada, no âmbito do Supremo Tribunal Federal (e da própria sociedade), apenas com o julgamento da ADPF n. 54. O debate necessariamente passaria pelos contornos e dimensões do princípio da dignidade da pessoa humana. Os valores e os "pré-conceitos", inclusive dos julgadores, viriam à tona. O desafio era exatamente como lidar de forma democrática com eles.

Na sessão em que precisava deliberar sobre a liminar concedida, o STF, como já mencionado, referendou a primeira parte da liminar deferida anteriormente pelo Min. Marco Aurélio para sobrestar os processos e decisões não transitadas em julgado versando a mesma matéria, e a revogou, na segunda parte, em que reconhecia o direito constitucional de a gestante submeter-se à operação terapêutica de parto de fetos anencéfalos, com efeitos *ex nunc*; vale dizer, assegurados os efeitos produzidos no período de 1º.7.2004 a 20.10.2004. Na ocasião, o Ministro Carlos Britto pediu vista e os autos

(130) O Ministro Joaquim Barbosa fez questão de registrar a tramitação demorada do processo: "(...) o trâmite desse processo no STJ e no Tribunal de Justiça do Rio de Janeiro teve um andamento absolutamente contrastante. No Rio de Janeiro, da Vara Criminal de Teresópolis, há uma decisão semidefinitiva no Tribunal de Justiça em nada mais do que 15 dias. A ação foi ajuizada no (*sic*) 6 e no dia 25 o Tribunal já tinha uma decisão favorável à realização do aborto. No mesmo dia em que essa decisão foi tomada, provavelmente horas antes, ingressou-se aqui no STJ com *habeas corpus* para cassá-la — dia 25 de novembro de 2003. Esse *habeas corpus* se arrastou no STJ até o dia 18 de dezembro, véspera do recesso judiciário e — eu até convocaria uma sessão extra do tribunal para julgá-lo dada a manifesta urgência do caso — o STJ pediu diligências, sendo que a Relatora do caso já havia falado com o Tribunal de Justiça, tinha todas as informações, ela era contra a diligência e, assim mesmo, foi pedida a diligência. O que fez com que o julgamento só ocorresse quase dois meses depois, ou seja, agora, dia 17 ou 19 de fevereiro. *A consequência disso tudo é a moça foi obrigada a carregar, a portar essa gravidez indesejada por dois meses por força dessas decisões judiciais desencontradas e, a meu ver, absolutamente irregulares*". Acórdão no HC n. 84.025/RJ — STF — Relator o Ministro Joaquim Barbosa (destacamos).

(131) Acórdão no HC n. 84.025/RJ — STF — Relator o Ministro Joaquim Barbosa.

voltaram ao Plenário em 27.4.2005, quando foi julgada questão de ordem e afirmada a admissão da Ação de Descumprimento de Preceito Fundamental para os fins propostos.

O princípio da dignidade da pessoa humana, reitera-se, foi invocado e interpretado de forma diversa pelos julgadores, quer no sentido vencedor, quer no vencido. O julgamento definitivo ainda não ocorreu. Na sessão de 27.4.2005, o Supremo Tribunal Federal determinou o retorno dos autos ao Ministro Relator, com o objetivo de examinar a aplicabilidade do art. 6º, § 1º, da Lei n. 9.882/99(132).

No exame dos pronunciamentos dos Ministros do Supremo Tribunal Federal, quando da apreciação da liminar concedida pelo Ministro Marco Aurélio, um aspecto que se destaca é o da apropriação do princípio da dignidade da pessoa humana com base em aspectos jusnaturalistas (inerentes à vida) e religiosos(133).

O próprio Ministro Marco Aurélio lembrou-se dos riscos aí envolvidos(134). Por sua vez, o Ministro Cezar Peluso, ao votar sobre a segunda parte da liminar, e para justificar a sua revogação, afirmou que "a duração da vida é que não pode estar sujeita ao poder de disposição das demais pessoas", "razão jurídica fundamental por que não apenas as normas infraconstitucionais, mas também a Constituição tutelam a vida", e, assim, registrou que, se transformássemos o feto anencéfalo "em objeto do poder

---

(132) O dispositivo prevê: "se entender necessário, poderá o relator ouvir as partes nos processos que ensejaram a arguição, requisitar informações adicionais, designar perito ou comissão de peritos para que emita parecer sobre a questão, ou ainda, fixar data para declarações, em audiência pública, de pessoas com experiência e autoridade na matéria". Até a conclusão deste trabalho, o Supremo Tribunal Federal havia realizado quatro audiências públicas relativas à ADPF 54, em que foram ouvidos representantes de diversas entidades da sociedade civil, além de intelectuais e autoridades governamentais.

(133) Estabelecida a premissa de que a doutrina do **jusnaturalismo** sustenta que o direito inerente à condição do ser humano independe do direito positivo, a defesa dos direitos do nascituro estaria assegurada independentemente de positivação.

Admitir o jusnaturalismo na sua amplitude intrínseca importa reconhecer um direito natural preexistente e o estudo de filósofos como Platão e Aristóteles, na antiguidade clássica, Rousseau e Locke, nos séculos XVIII e XVII, contribui para a compreensão do pensamento jusnaturalista conectado a algumas das premissas implícitas na argumentação utilizada no acórdão em exame.

Como em Rousseau, no século XVIII, a ideia de uma igualdade vinculada a uma existência de direitos acima de uma ordem constitucional, e que a fundamenta, possibilita a admissão de um conceito de dignidade que não admite diferença, daí o significado religioso que vez por outra se lhe atribui.

Locke é um jusnaturalista que tematiza questões aristotélicas, porque é capaz de problematizar a diferença sem reduzir a uma universalidade platônica. Fácil ver na história das ideias que não existe direito natural acima dos demais direitos, quando, com Locke, se chega a uma solução diversa (*v. g.*, a mulher é dona de seu corpo), com a adoção da ideia de pensar de forma livre. Ser proprietário do corpo significa admitir a diferença.

Ao tratar do "estado de natureza", Locke identifica esse aspecto essencial de sua teoria: "Para entender o poder político corretamente, e derivá-lo de sua origem, devemos considerar o estado em que todos os homens naturalmente estão, o qual é um estado de *perfeita liberdade* para regular suas ações e dispor de suas posses e pessoas do modo como julgarem acertado, dentro dos limites da lei da natureza, sem pedir licença ou depender da vontade de qualquer outro homem. Um estado também de igualdade, em que é recíproco todo o poder e jurisdição, não tendo ninguém mais que outro qualquer — sendo absolutamente e*vid*ente que criaturas da mesma espécie e posição, promiscuamente nascidas para todas as mesmas vantagens da natureza e para o uso das mesmas faculdades, devam ser também iguais umas às outras, sem subordinação ou sujeição, a menos que o Senhor e amo de todas elas, mediante qualquer declaração manifesta de Sua vontade, colocasse uma acima de outra e lhe conferisse, por e*vid*ente e clara indicação, um direito indubitável ao domínio e à soberania" (In: LOCKE: 2005, p. 381/382).

(134) Acórdão na ADPF 54-MC/DF, p. 83.

de disposição alheia, essa vida se tornaria coisa (*res*) porque só coisa, em Direito, é objeto de disponibilidade jurídica das pessoas. Ser humano é sujeito de direito"(135).

Na mesma oportunidade, o Ministro Carlos Britto acentuou, ao referendar a liminar, que:

"O crime deixa de existir se o deliberado desfazimento da gestação já não é impeditivo da transformação **de algo em alguém**. Se o produto da concepção não se traduzir em um ser, a meio caminho do humano, mas, isto, sim, **em um ser que de alguma forma parou a meio ciclo do humano.**"(136)

Isso porque, desligado do aparelho, que é o útero materno, o anencéfalo não tem condições de sobreviver.

E prossegue o Ministro Carlos Ayres Britto afirmando que "a anencefalia é coisa da natureza"(137), e, admitido o debate filosófico e religioso, conclui que não se configura o aborto, em linguagem jurídica, quando a gestação é deliberadamente interrompida, em razão da inviabilidade vital do feto anencéfalo.

A corrente vencedora, pelo voto do Ministro Cezar Peluso, refuta a invocação, na petição inicial, de ofensa ao princípio da dignidade da pessoa humana, por lesão à integridade física da mãe, assim:

"Disse (a petição inicial) que, em primeiro lugar, (a proibição do aborto de feto anencefálico) ofenderia o princípio da dignidade da pessoa humana. E disse mais: essa dignidade seria medida pela integridade física da mãe. Não concordo. A integridade física e biológica da vida intrauterina também está em jogo. Depois, *o sofrimento em si não é alguma coisa que degrade a dignidade humana; é elemento inerente à vida humana.* O remorso também é forma de sofrimento. E o que o sistema jurídico não tolera não é o sofrimento em si, porque seria despropósito que o sistema jurídico tivesse a absurda pretensão de erradicar da experiência humana as fontes de sofrimento. *Nem quero discorrer sobre o aspecto moral e ético — não me interessa — de como o sofrimento pode, em certas circunstâncias, até engrandecer pessoas, pois isso não releva à discussão do caso.* Só quero relembrar que o sistema jurídico repudia, em relação ao sofrimento, apenas os atos injustos que o causem. O sofrimento provindo da prática de um ato antijurídico, esse não pode ser admitido pela ordem normativa. Mas não é esse o caso de eventual sofrimento materno, ou pelo menos não o é em regra."(138)

Coloca-se o sofrimento como uma virtude e componente da dignidade humana, afasta-se a aplicação do princípio em matéria considerada infraconstitucional e adota-se argumento de política(139). O Ministro Cezar Peluso, lembrando a proteção jurídica

(135) Acórdão na ADPF 54-MC/DF, p. 94.

(136) Acórdão na ADPF 54-QO/DF, p. 121/122.

(137) Acórdão na ADPF 54-QO/DF, p. 128.

(138) Acórdão na ADPF 54-MC/DF, p. 95/96 (destacamos).

(139) Aproxima-se também da teoria de Rousseau quando interpreta a vontade do legislador como excludente da própria interpretação.

dispensada, destacou também a preservação da dignidade da vida intrauterina, lembrando, ademais, que todos os seres são "condenados à morte", ou seja, nascem para morrer(140).

Além disso, ao apreciar a admissibilidade da ação, o Ministro Cezar Peluso considera tratar-se de hipótese de falta de interesse jurídico: "Qual o interesse que há em usar esta ferramenta, vamos dizer, de salvaguarda indireta da Constituição, quando pode ser resolvido o conflito mediante interpretação sistemática de normas do Código Penal?"(141). E conclui, no ponto: "se o preceito *genérico* da tutela da dignidade da pessoa humana fosse suscetível desse confronto, para efeito de justificar interpretação infraconstitucional, a Corte não suportaria a carga de processos de ADPF, porque isso será sempre possível"(142).

É, no mínimo, interessante observar a referência à *generalidade* da proteção à dignidade da pessoa humana, o que dispensaria a tutela constitucional pela Ação de Descumprimento de Preceito Fundamental, haja vista, de um lado, a possibilidade de interpretação sistemática *apenas* do Código Penal, e, de outro, a ameaça da sobrecarga de processos. Ao mesmo tempo, a argumentação denota preocupação com a amplitude em que pode ser articulado o princípio da dignidade da pessoa humana, configurando justificativa teleológica, que desconsidera a carga deontológica do princípio.

O Ministro Carlos Velloso afastou, ainda, a possibilidade de risco quanto à vida da mãe, destacando a necessidade de proteção da vida do feto(143). Essa posição encontrou complemento na observação do Ministro Cezar Peluso no sentido de que o valor mais importante do ordenamento jurídico é a vida, o que conduziria à criminalização da prática de interrupção antecipada da gravidez(144). Já o Ministro Eros Grau, ao se pronunciar sobre a segunda parte da liminar, observou que:

---

(140) De acordo com o Ministro, "a história da criminalização do aborto mostra que essa tutela [jurídica] se fundamenta na necessidade de preservar a dignidade dessa vida intrauterina, independentemente das eventuais deformidades que o feto possa apresentar, como tem apresentado no curso da história. As deformidades das vidas intrauterinas não são novidade fenomênica. Novidade são hoje os métodos científicos de seu diagnóstico. A consciência jurídica jamais desconheceu a possibilidade de que de uma gravidez possa não resultar sempre nascimento viável. Não me convence o argumento de que o feto anencéfalo seja um condenado à morte. Todos os somos, todos nascemos para morrer." (Acórdão na ADPF 54-QO/DF, p. 94).

(141) Acórdão na ADPF 54-QO/DF, p. 153.

(142) Acórdão na ADPF 54-QO/DF, p. 154 (destacamos).

(143) Segundo o Ministro Velloso, "no caso, não há possibilidade de risco de vida com relação à mãe. O risco, na verdade, ocorre, quanto ao direito à vida. Se temos que respeitar, como fazer os argumentos postos pelo eminente patrono da autora (...), no sentido do sofrimento da mãe em gerar um feto fadado a morrer, não podemos ignorar e faltar com nosso apreço ao argumento trazido pelo eminente Procurador-Geral da República no sentido de que se tem, com esse aborto, atentado contra a vida. Sopesando um e outro argumento, há de prevalecer, pelo menos neste primeiro exame, o argumento do direito à vida. E esse argumento há de prevalecer tendo em vista as circunstâncias da causa. Há dúvida, temos que decidir, ainda, a respeito do cabimento ou não da arguição de descumprimento de preceito fundamental" (Acórdão na ADPF 54-QO/DF, p. 107/108).

(144) Em suas palavras, "está na lógica (...) da Constituição, que a ofensa a este valor [vida intrauterina] possa ser atingido pela estratégia normativa da criminalização, porque se cuida do valor mais importante do ordenamento jurídico: a vida." (Acórdão na ADPF 54-QO/DF, p. 155/156).

"O feto não é uma coisa, porém pessoa. (...) Como o feto é pessoa e a mãe não corre perigo, a liminar acaba afrontando a dignidade do ser que o feto é. Diria (...) que o STF tem muito dizer, sim, neste momento. E deve dizer, de modo muito vivo, que a manutenção da liminar não se justifica."(145)

Na corrente vencedora, no que diz respeito à liminar, percebe-se, nitidamente, uma argumentação da qual escapa a complexidade da noção de dignidade da pessoa humana. Não há dúvida de que o ordenamento jurídico em geral e a Constituição, em particular, protegem a vida. Mas qual vida: a mera vida (natural), ou a vida digna? Nessa esteira, o que é vida digna? A quem compete dizer o que é vida digna? Ao Poder Judiciário, ou ao próprio indivíduo interessado?(146) Uma sociedade democrática, fundada em princípios que postulam a exigência de igual consideração e respeito pelos indivíduos, não impõe justamente que esses mesmos indivíduos sejam reconhecidos como competentes (e livres) para decidir sobre seu próprio destinos? Não são os próprios indivíduos que devem decidir se o sofrimento degrada ou não sua dignidade? O indivíduo não é livre para buscar a vida que entende digna?

Na apreciação da liminar concedida na ADPF n. 54, a corrente vencida, por sua vez, fundamenta-se em que o Código Penal, ao tipificar o crime de aborto, não alcança a interrupção da gravidez do feto anencéfalo. Isso porque não ocorre interrupção da vida humana em razão da impossibilidade de vida extrauterina(147). Nessa linha, interpreta-se o conjunto normativo formado pelos artigos do Código Penal em conformidade aos princípios constitucionais que preservam a liberdade de a mãe dispor do seu corpo. Está bem clara essa proposição no voto-vista do Ministro Carlos Ayres Britto: "se a criminalização do aborto se dá como política legislativa de proteção à vida de um ser humano em potencial, faltando essa potencialidade vital aquela vedação penal já não tem como permanecer"(148).

Nem é necessário adotar uma posição jusnaturalista para assumir o respeito às diferenças e admitir que a mulher tem o direito de fazer o que quiser com o seu corpo.

---

(145) Acórdão na ADPF 54-MC/DF, p. 48/49.

(146) Para o Ministro Cezar Peluso, o foro de discussão sobre a antecipação de parto é o Legislativo. Em sua opinião, "no fundo se trata — e nisso não há dúvida alguma — de criar, à margem da interpretação das normas de caráter penal, mais uma excludente de ilicitude. E neste ponto gostaria de fazer a seguinte observação: essa tarefa é própria de outra instância, não desta Corte, que já as tem outras e gravíssimas, porque o foro adequado da questão é do Legislativo, que deve ser o intérprete dos valores culturais da sociedade e decidir quais possam ser as diretrizes determinantes da edição de normas jurídicas. É no Congresso Nacional que se deve debater se a chamada 'antecipação de parto', neste caso, deve ser, ou não, considerada excludente de ilicitude." (Acórdão na ADPF 54-QO/DF, p. 154/155).

(147) Parece admitir e interpretar as diferenças, assumindo a premissa lockiana de respeito à liberdade de crença, de consciência, ao reconhecer à mulher o direito de optar pela manutenção ou interrupção da gestação.

(148) Acórdão na ADPF 54-QO/DF, p. 122. O Ministro Sepúlveda Pertence, a seu turno, votou pela manutenção da liminar, remetendo à função política do Tribunal: "o meu voto é, assim, de política judiciária. O dispositivo da liminar vige, neste País, há quatro meses. Não vejo como, a esta altura da discussão nacional, remeter cada caso ao vai-e-vem das distribuições e das decisões, de um lado e de outro, fatalmente comprometidas com a mundividência de cada juiz, no controle de cada caso concreto. Prefiro manter a liminar nos seus termos e confiar em que brevemente possamos proferir a decisão de mérito ou concluir pela inadmissibilidade da arguição. (...) Mas, criada esta situação de fato, creio que, enquanto este processo estiver pendente, atende melhor à função política assumida pelo Tribunal que se mantenha a liminar até a decisão de mérito. Tantos são os verdadeiros abortos diária e impunemente no Brasil, que o cumprimento da liminar por algum pouco tempo não será uma catástrofe..." (Acórdão na ADPF 54-QO/DF, p. 110).

E isso estaria vinculado ao princípio da dignidade da pessoa humana. Quando da apreciação do cabimento da ADPF, o Ministro Ayres Britto recorreu à dicotomia natureza/cultura:

> "(...) a anencefalia é coisa da natureza. Embora como um desvio ou mais precisamente um desvario, não há como recusar à natureza esse episódico *destrambelhar*. Mas é cultural que se lhe atalhe aqueles efeitos mais virulentamente agressivos de valores jurídicos que tenham a compostura de protoprincípios, como é o caso da dignidade da pessoa humana. De cujos conteúdos fazem parte a autonomia de vontade e a saúde psicofísico-moral da gestante. Sobretudo a autonomia de vontade ou liberdade para aceitar, ou deixar de fazê-lo, o martírio de levar às últimas conse-quências uma tipologia de gravidez que outra serventia não terá senão a de jungir a gestante ao mais doloroso dos estágios: o estágio de endurecer o coração para a certeza de ver o seu bebê involucrado numa mortalha."(149)

Não obstante, constata-se que, ao cabo, a concepção de dignidade da pessoa humana foi admitida pelo Supremo Tribunal Federal para justificar a proibição da interrupção da gestação contra aquele que é titular de direitos e tem a sua dignidade pessoal protegida pela ordem jurídica.

O Supremo Tribunal Federal, ao revogar a medida liminar deferida pelo Ministro Relator, Marco Aurélio, procedeu também à interpretação literal do art. 128 do Código Penal, traduzindo a vontade do legislador segundo critérios de moral e de ética, sem a admissão da possibilidade de lacuna, para a hipótese do feto anencéfalo. O voto-vista do Ministro Carlos Britto transcreve manifestação do então Procurador-Geral da República, Cláudio Fonteles, ao suscitar a questão de ordem: "os 'textos normativos apresentados pela autora (...) não ensejam a interpretação conforme'. É dizer, os dispositivos do Código Penal versantes sobre as diversas modalidades do crime de aborto 'bastam-se no que enunciam, e como estritamente enunciam'."(150)

O princípio da dignidade da pessoa humana teve, nesse julgamento, sua mais significativa hipótese de aplicação, possibilitando a formulação de várias teorias interpretativas, que foram retomadas em julgamento subsequente, e já concluído, na Ação Direta de Inconstitucionalidade de dispositivos da Lei de Biossegurança, em que o mesmo princípio é invocado quer para justificar a utilização de células embrionárias em pesquisas, quer para vedar essa possibilidade.

3.3. Decisão do STF na ADI n. 3510-0-DF. Utilização de células embrionárias para fins de pesquisa

A Ação Direta de Inconstitucionalidade n. 3.510 foi proposta pelo então Procurador-Geral da República, Cláudio Lemos Fonteles, objetivando o reconhecimento de

(149) Acórdão na ADPF 54-QO/DF, p. 128/129.

(150) Acórdão na ADPF 54-QO/DF, p. 116.

que o art. 5º incisos e parágrafos da Lei n. 11.105, de 24 de março de 2005 (Lei de Biossegurança), contraria "a inviolabilidade do direito à vida, porque o embrião humano é vida humana, e faz ruir fundamento maior do Estado democrático de direito, que radica na preservação da dignidade da pessoa humana"(151).

Antes de examinar o conteúdo de votos dos Ministros do Supremo Tribunal Federal(152) no que se refere ao princípio da dignidade da pessoa humana, importa a análise de duas posturas bem identificadas e distintas, respectivamente, nos votos dos Ministros Marco Aurélio Mello e Gilmar Mendes, o primeiro negando a possibilidade de o juiz suprir lacunas legislativas e o segundo sustentando precisamente essa possibilidade.

Acentuou o Ministro Marco Aurélio Mello *que* a prática da interpretação conforme à Constituição apresenta o risco de que a norma seja redesenhada, conduzindo o Supremo Tribunal Federal a assumir o papel de legislador positivo, o que contrariaria e deixaria de proteger a Constituição Federal. Segundo o Ministro, não haveria, no caso da Lei de Biossegurança, os requisitos necessários à adoção da interpretação conforme. Isso levou o Ministro a rejeitar igualmente a possibilidade de a Corte estabelecer recomendações (o que foi proposto pelo Ministro Carlos Alberto Menezes Direito, como veremos à frente). De acordo com o Ministro Marco Aurélio:

> "(...) a interpretação conforme pressupõe texto normativo ambíguo a sugerir, portanto, mais de uma interpretação, e ditame constitucional cujo alcance se mostra incontroverso. Essas premissas não se fazem presentes. Também é de todo impróprio o Supremo, ao julgar, fazer recomendações. (...) Em processos como este, de duas uma: ou declara a constitucionalidade ou a inconstitucionalidade, total ou parcial, do ato normativo abstrato atacado. Nestes praticamente dezoito anos de Tribunal jamais presenciei, consideradas as diversas composições, a adoção desse critério, a conclusão de julgamento no sentido de recomendar esta ou aquela providência, seja para adoção pelo Poder Legislativo, seja pelo Executivo, em substituição de todo extravagante."(153)

Está clara no voto do Ministro Marco Aurélio a afirmação do princípio republicano da divisão de poderes, não cabendo ao Poder Judiciário suprir omissões legislativas. Sua opinião deixa transparecer uma preocupação com a distinção dos papéis do Judiciário e Legislativo, inclusive no que diz respeito ao controle de

---

(151) Petição inicial da ADI n. 3.510-0/DF, p. 11. O dispositivo impugnado possui a seguinte redação: "art. 5º É permitida, para fins de pesquisa e terapia, a utilização de células-tronco embrionárias obtidas de embriões humanos produzidos por fertilização *in vitro* e não utilizados no respectivo procedimento, atendidas as seguintes condições: I — sejam embriões inviáveis; ou II — sejam embriões congelados há 3 (três) anos ou mais, na data da publicação desta Lei, ou que, já congelados na data da publicação desta Lei, depois de completarem 3 (três) anos, contados a partir da data de congelamento. § 1º Em qualquer caso, é necessário o consentimento dos genitores. § 2º Instituições de pesquisa e serviços de saúde que realizem pesquisa ou terapia com células-tronco embrionárias humanas deverão submeter seus projetos à apreciação e aprovação dos respectivos comitês de ética em pesquisa. § 3º É vedada a comercialização do material biológico a que se refere este artigo e sua prática implica o crime tipificado no art. 15 da Lei n. 9.434, de 4 de fevereiro de 1997".

(152) Como o acórdão ainda não estava publicado na entrega desta dissertação, em janeiro de 2009, só foram examinados os votos acessíveis pela internet.

(153) Voto na ADI n. 3.510-0/DF, p. 2/3.

constitucionalidade. Isso foi utilizado pelo Ministro para se posicionar favoravelmente à Lei de Biossegurança:

> "(...) devem-se colocar em segundo plano paixões de toda ordem, de maneira a buscar a prevalência dos princípios constitucionais. Opiniões estranhas ao Direito por si sós não podem prevalecer, pouco importando o apego a elas por aqueles que as veiculam. O contexto-alvo de exame há de ser técnico-jurídico, valendo notar que declaração de inconstitucionalidade pressupõe sempre conflito flagrante da norma com o Diploma Maior, sob pena de relativizar-se o campo de disponibilidade, sob o ângulo da conveniência, do legislador eleito pelo povo e que em nome deste exerce o poder legiferante. Os fatores conveniência e oportunidade mostram-se, em regra, neutros quando se cuida de crivo quanto à constitucionalidade de certa lei e não de medida provisória. Somente em situações extremas, nas quais surge, ao primeiro exame, a falta de proporcionalidade, pode-se adentrar o âmbito do subjetivismo e exercer a glosa. No caso, a lei foi aprovada mediante placar acachapante — 96% dos Senadores e 85% dos Deputados votaram a favor, o que sinaliza a razoabilidade."[154]

O Ministro Marco Aurélio, *prestigiando* a doutrina da separação de poderes, norma pétrea da Constituição da República, deixa expresso que os argumentos de valor, assim, de política (de natureza religiosa, ideológica, econômica etc.) são considerados na elaboração e durante o processo legislativo, mas não pelo magistrado, que tem compromisso exclusivo com argumentos de princípios[155], inclusive e em especial na esfera da jurisdição constitucional.

Por sua vez, o Ministro Gilmar Mendes defendeu posição oposta à do Ministro Marco Aurélio, justificando a condição do Supremo Tribunal Federal de legislador positivo. O Ministro Gilmar Mendes partiu da premissa de que delimitar o campo de proteção do direito à vida e à dignidade da pessoa humana é uma tarefa que transborda os limites jurídicos, estendendo-se para outras esferas, como a moral e a religião. Enfatizou, ainda, o compromisso do STF com a defesa dos direitos fundamentais,[156] observando que "importantes questões nas sociedades contemporâneas têm sido decididas não pelos representantes do povo reunidos no parlamento, mas pelos Tribunais Constitucionais". E, ao referir à decisão da Corte sobre o caso da fidelidade partidária[157], arrematou: "o Supremo Tribunal Federal demonstra, com este

(154) Voto na ADI n. 3.510-0/DF, p. 4.

(155) Dworkin, ao tratar da interpretação jurídica e da aplicação do direito, destaca a importância de separar argumentos de política de argumentos de princípios, indicando que, na interpretação jurídica, devem prevalecer esses últimos.

(156) Segundo o Ministro Gilmar Mendes, "chamado a se pronunciar sobre um tema tão delicado, o da constitucionalidade das pesquisas científicas com células-tronco embrionárias, um assunto que é ético, jurídico e moralmente conflituoso em qualquer sociedade construída culturalmente com lastro nos valores fundamentais da vida e da dignidade humana, o Supremo Tribunal Federal profere uma decisão que demonstra seu austero compromisso com a defesa dos direitos fundamentais no Estado Democrático de Direito. (...) Delimitar o âmbito de proteção do direito fundamental à vida e à dignidade humana e decidir questões relacionadas ao aborto, à eutanásia e à utilização de embriões humanos para fins de pesquisa e terapia são, de fato, tarefas que transcendem os limites do jurídico e envolvem argumentos de moral, política e religião que vêm sendo debatidos há séculos sem que se chegue a um consenso mínimo sobre uma resposta supostamente correta para todos." (Voto na ADI n. 3.510-0/DF, p. 1/2).

(157) Trata-se da decisão proferida nos autos dos Mandados de Segurança ns. 26.602, 26.603 e 26.604, em que o STF entendeu que o mandato parlamentar pertence à legenda, e não ao candidato eleito.

julgamento, que pode, sim, ser uma Casa do povo, tal qual o parlamento. Um lugar onde os diversos anseios sociais e o pluralismo político, ético e religioso encontram guarida nos debates procedimental e argumentativamente organizados em normas previamente estabelecidas"[(158)].

O Ministro Gilmar Mendes sustentou que a Lei de Biossegurança é deficiente na regulamentação do tema da utilização de embriões humanos para a produção de células-tronco, e, utilizando a expressão do prof. *Claus-Wilhelm Canaris*, afirmou que "os direitos fundamentais expressam não apenas uma proibição do excesso, mas também podem ser traduzidos como proibições de proteção insuficiente ou imperativos de tutela". Diferenciou o princípio da proporcionalidade como proibição de excesso e como proibição de proteção deficiente para concluir que "a lei brasileira é deficiente no tratamento normativo das pesquisas com células-tronco e, portanto, não está em consonância com o princípio da proporcionalidade como proibição de proteção insuficiente". Isso porque "deixa a lei, nesse aspecto, de instituir um imprescindível Comitê Central de Ética, devidamente regulamentado".

Com esses fundamentos, e considerando o princípio da proporcionalidade no seu aspecto de proibição de proteção deficiente, o Ministro Gilmar Mendes julgou improcedente a ação, "para declarar a constitucionalidade do art. 5º, seus incisos e parágrafos da Lei n. 11.105/05, desde que seja interpretado no sentido de que a permissão da pesquisa e terapia com células-tronco embrionárias, obtidas de embriões humanos produzidos por fertilização *in vitro,* deve ser condicionada à prévia autorização e aprovação por Comitê (Órgão) Central de Ética e Pesquisa, vinculado ao Ministério da Saúde"[(159)(160)].

O Ministro Gilmar Mendes respondeu, ainda, ao argumento de que o modelo adotado em seu voto estaria contaminado pelas convicções morais e religiosas do juiz, a influenciar na tomada de decisão. Para tanto, defendeu que os "debates (são) procedimental e argumentativamente organizados em normas previamente estabelecidas" e que o espaço da Corte é democrático em razão das distintas vozes ouvidas ao longo

(158) Voto na ADI n. 3.510-0/DF, p. 2/3. O Ministro registrou inclusive que a manifestação do STF sobre questões importantes não permite "cogitar de que tais questões teriam sido melhor decididas por instituições majoritárias, e que assim teriam maior legitimidade democrática".

(159) O Ministro Gilmar Mendes utilizou também em sua argumentação o princípio responsabilidade, desenvolvido por Hans Jonas.

(160) Nesse ponto, ficou expressa a tendência de afirmação da postura de legislador positivo do Poder Judiciário, em especial do Supremo Tribunal Federal, na omissão do Poder competente, como já ocorrera no julgamento dos Mandados de Injunção ns. 670/ES, 708/DF e 712/PA, que discutiam o exercício do direito de greve pelos servidores públicos, decidindo ser a eles aplicável, no que for compatível, a Lei n. 7.783/89, que regulamenta o direito de greve para os trabalhadores em geral. Derrubou a denominada cláusula de barreira prevista no art. 13 da Lei n. 9.096, em dezembro de 2006, na ADI n. 1.351/DF; prestigiou a fidelidade partidária, decidindo que os mandatos de parlamentares pertencem às legendas e não aos eleitos, em outubro de 2007, nos Mandados de Segurança ns. 26.604/DF, 26.602/DF e 26.603/DF; editou a Súmula Vinculante n. 11 proibindo o uso injustificado de algemas nos presos, em agosto de 2008; liberou, como visto, as pesquisas com células-tronco nos autos da ADI n. 3.510-0-DF, em junho de 2008.

do processo: "as audiências públicas, nas quais são ouvidos os expertos sobre a matéria em debate, a intervenção dos *amici curiae*, com suas contribuições jurídica e socialmente relevantes, assim como a intervenção do Ministério Público, como representante de toda a sociedade perante o Tribunal, e das advocacias pública e privada, na defesa de seus interesses"[161].

A referência e transcrição dos tópicos dos votos dos Ministros Marco Aurélio e Gilmar Mendes são muito importantes no estudo da eficácia concreta do princípio da dignidade da pessoa humana, porque identificam a postura do juiz no exercício da jurisdição constitucional: o primeiro partindo de uma postura hermenêutica e o segundo admitindo a assunção de uma pauta política, em que a criação política do direito pelo juiz encontra justificativa. Neste caso, torna-se possível, nessa linha de pensamento, invocar com mais amplitude **o princípio da dignidade da pessoa humana como principal fundamento de decisões judiciais.**

Alguns dos demais votos na referida Ação Direta de Inconstitucionalidade n. 3510-0 também ilustram bem como o argumento da dignidade da pessoa humana pode ser facilmente aplicado conforme os mais distintos propósitos e como eles reverberam, com outros enfoques, alguns dos argumentos dos dois votos anteriores.

Para o Ministro Relator, Carlos Ayres Britto, *o princípio* da dignidade da pessoa humana é visualizado a partir do conceito de início da vida humana[162]. Segundo seu entendimento, "a nossa Magna Carta não diz quando começa a vida humana. (...) Quando fala da 'dignidade da pessoa humana' (inciso III do art. 1º), é da pessoa humana naquele sentido ao mesmo tempo notarial, biográfico, moral e espiritual"[163]. Em sua ótica:

> "(...) a dignidade da pessoa humana é princípio tão relevante para a nossa Constituição que admite transbordamento. Transcendência ou irradiação para alcançar, já no plano das leis infraconstitucionais, a proteção de tudo que se revele como o próprio início e continuidade de um processo que deságue, justamente, no indivíduo-pessoa. Caso do embrião e do feto, segundo a humanitária diretriz de que a eminência da embocadura ou apogeu do ciclo biológico justifica a tutela das respectivas etapas."[164]

---

(161) Voto na ADI n. 3.510-0/DF, p. 3/4.

(162) O Ministro Relator, Carlos Ayres Britto, admitiu no processo, na posição de *amici curiae*, várias entidades da sociedade civil e determinou a realização de audiências públicas para ouvir expertos e cientistas, considerando que "o tema central da presente ADIN é salientemente multidisciplinar, na medida em que objeto de estudo de numerosos setores do saber humano formal, como o Direito, a filosofia, a religião, a ética, a antropologia e as ciências médicas e biológicas" e considerando "uníssono reconhecimento da intrínseca dignidade da vida em qualquer de seus estádios."

(163) Voto na ADI n. 3.510-0/DF, p. 24. Ayres Britto partiu também do art. 2º do Código Civil — "a personalidade civil da pessoa começa do nascimento com vida; mas a lei põe a salvo, desde a concepção, os direitos do nascituro" — para propor a formulação de uma "provisória definição jurídica: vida humana já revestida do atributo da personalidade civil é o fenômeno que transcorre entre o nascimento com vida e a morte". Em seguida, após verificar como alguns dispositivos da Constituição tratam da "vida", conclui que "a Constituição Federal não faz de todo e qualquer estádio da vida humana um autonomizado bem jurídico, mas da vida que já é própria de uma concreta pessoa, porque *nativiva* e, nessa condição, dotada de compostura física ou natural" (Voto na ADI n. 3.510-0/DF, p. 26).

(164) Voto na ADI n. 3.510-0/DF, p. 30. Segundo o Ministro, essa seria a justificativa para a proteção conferida pelo Direito Penal ao nascituro pela vedação do aborto.

Nessa linha, o Ministro Relator distingue as três realidades — o embrião, o feto e a pessoa humana, esta última, "o produto final dessa metamorfose" — e afirma que "o início da vida humana só pode coincidir com o preciso instante da fecundação". Contudo, no entendimento do Ministro Ayres Britto, o que a Lei de Biossegurança autoriza:

> "(...) é um procedimento *externa-corporis*: pinçar de embrião ou embriões humanos, obtidos artificialmente e acondicionados *in vitro*, células que, presumivelmente dotadas de potência máxima para se diferenciar em outras células e até produzir cópias idênticas a si mesmas (fenômeno da 'autorreplicação'), poderiam experimentar com o tempo o risco de uma mutação redutora dessa capacidade ímpar. Com o que transitariam do não aproveitamento reprodutivo para a sua relativa descaracterização como tecido potipotente e daí para o descarte puro e simples como dejeto clínico e hospitalar."[165]

Após particularizada argumentação acerca do planejamento familiar e da proteção constitucional à família, que admite a fertilização *in vitro* como "recurso científico a serviço da ampliação da família", procedimento "fundado nos princípios da dignidade da pessoa humana e da paternidade responsável" (art. 226, § 7º, CF), constata que "não se pode compelir nenhum casal ao pleno aproveitamento de todos os embriões sobejantes ('excedentários') dos respectivos propósitos reprodutivos". E justifica: "realmente, o feto é organismo que para continuar vivo precisa da continuidade da vida da gestante. Não subsiste por conta própria, senão por um átimo". Daí a conclusão do Ministro Ayres Britto:

> "Remarco a tessitura do raciocínio: se todo casal tem o direito de procriar; se esse direito pode passar por sucessivos testes de fecundação *in vitro*; se é da contingência do cultivo ou testes *in vitro* a produção de embriões em número superior à disposição do casal para aproveitá-los procriativamente; se não existe, enfim, o dever legal do casal quanto a esse cabal aproveitamento genético, então as alternativas que restavam à Lei de Biossegurança eram somente estas: a primeira, condenar os embriões à perpetuidade da *pena de prisão* em congelados tubos de ensaio; a segunda, deixar que os estabelecimentos médicos de procriação assistida prosseguissem em sua faina de jogar no lixo tudo quanto fosse embrião não requestado para o fim de procriação humana; a terceira opção estaria, exatamente, na autorização que fez o art. 5º da Lei. Mas uma autorização que se fez debaixo de judiciosos parâmetros, sem cujo atendimento o embrião *in vitro* passa a gozar de inviolabilidade assegurada por nenhum diploma legal (pensa-se mais na autorização que a lei veiculou do que no modo necessário, adequado e proporcional como o fez). Por isso que o chanceler, professor e jurista *Celso Lafer* encaminhou carta à ministra Ellen Gracie, presidente desta nossa Corte, para sustentar que os controles estabelecidos pela Lei de

---

(165) Voto na ADI n. 3.510-0/DF, p. 44. Argumentação semelhante pode ser encontrada no voto da Ministra Ellen Gracie: "não vejo qualquer ofensa à dignidade humana na utilização de pré-embriões inviáveis ou congelados há mais de três anos nas pesquisas de células-tronco, que não teriam outro destino que não o descarte". A Ministra entendeu também pela "plena aplicabilidade, no presente caso, do princípio utilitarista, segundo o qual deve ser buscado o resultado de maior alcance com o mínimo de sacrifício possível" (Voto na ADI n. 3.510-0/DF, p. 9).

Biossegurança 'conciliam adequadamente os valores envolvidos, possibilitando os avanços da ciência em defesa da vida e o respeito aos padrões éticos de nossa sociedade'."[166]

Vê-se claramente do voto do Ministro Relator, que veio a prevalecer, que a proteção legal do nascituro não alcançaria o embrião desprezado para procriação, desde que incapaz de adquirir personalidade que o dignifique. E, valendo-se, claramente, da hermenêutica, faz um paralelismo com a coincidência da morte encefálica e a cessação da vida humana, "a justificar a remoção de órgãos, tecidos e partes do corpo ainda fisicamente pulsante para fins de transplante, pesquisa e tratamento", para reconhecer que o embrião de que trata o art. 5º da Lei de Biossegurança "constitui-se num ente absolutamente incapaz de qualquer resquício de vida encefálica, então a afirmação de incompatibilidade deste último diploma legal com a Constituição é de ser plena e prontamente rechaçada"[167].

Invoca, por fim, a proteção constitucional à saúde e à atividade científica, inclusive a pesquisa, que "o Estado promoverá e incentivará" (art. 218, *caput*, CF). O Ministro Ayres Britto posicionou-se, portanto, no sentido da improcedência da ação, tendo em vista a inexistência de desrespeito ao princípio da dignidade da pessoa humana.

Esse mesmo princípio foi invocado, porém, para justificar a inconstitucionalidade do art. 5º da Lei de Biossegurança. Assim como na discussão sobre a possibilidade/juridicidade do aborto de feto anencéfalo, o debate sobre a utilização de embriões para o aproveitamento de células-tronco perpassava o problema do início da vida. Inevitavelmente, essa questão suscitava diversos aspectos vinculados às concepções, não apenas jurídicas, mas, sobretudo, morais e religiosas. Isso já havia ficado evidente no processamento da ADPF n. 54, e se fez presente, desde o início, no julgamento da ADI n. 3.510.

Durante o julgamento, o tema da questão religiosa voltou à tona quando do voto proferido pelo Ministro Carlos Alberto Menezes Direito. O Ministro buscou, logo de início, delimitar a discussão, afastando-a de contornos religiosos.

> "O que há de se determinar é se a Lei que autoriza a utilização de células-tronco extraídas de embriões humanos destinados à geração da vida, intenção primeira dos genitores, é ou não compatível com a proteção dispensada ao direito à vida e à dignidade da pessoa humana pelas normas constitucionais.
>
> (...)
>
> O que a Suprema Corte do Brasil está desafiando não é, portanto, uma questão religiosa. É uma questão jurídica, posta no plano da interpretação constitucional.
>
> (...)

---

(166) Voto na ADI n. 3.510-0/DF, p. 58/59.

(167) Voto na ADI n. 3.510-0/DF, p. 65/66.

É por essa razão que devemos pôr com toda claridade que estamos julgando o alcance constitucional da proteção à vida e à dignidade da pessoa humana."(168)

No decorrer do voto, é expressa a preocupação com a experimentação científica, com os riscos decorrentes da ausência de limites ao seu desenvolvimento, e acentuado o progresso já existente nas pesquisas com células-tronco adultas, retratando a polêmica em torno da destruição do embrião humano. Para tanto, informa que a União Europeia, por decisão de 25.4.2007, "deixou os estados-membros livres para autorizar ou proibir as pesquisas com células-tronco embrionárias", identificando os países que proíbem as pesquisas e os que a autorizam, bem como a existência de sistemas híbridos, em que são estabelecidas condições e pré-requisitos. Nos Estados Unidos da América do Norte, apesar da liberdade de os estados federados estabelecerem suas próprias políticas, há restrições no que se refere ao financiamento público federal. E conclui, no tópico:

> "O que se verifica no direito comparado é que há preocupação não apenas quanto à definição do estatuto do embrião, mas também quanto às consequências do progresso das técnicas de manipulação genética e celular, especialmente aquelas relacionadas ao uso de gametas e de embriões.
>
> (...)
>
> A busca da eugenia, da raça pura, do ser humano programado em laboratórios, não é, certamente, um ideal para a humanidade.
>
> (...)
>
> Com todo o maior respeito aos que entendem em contrário, na minha compreensão, não é possível declarar-se simplesmente constitucional ou inconstitucional uma lei que desafia a ciência e diz diretamente com o futuro da humanidade. Será razoável acreditar que a ciência tudo pode e que por isso não se há de impor limites, sem falar naqueles limites éticos que são essenciais à convivência social?
>
> (...)

(168) Voto na ADI n. 3.510-0/DF, p. 18. O Ministro procurou, em seguida, explicar o procedimento de fertilização *in vitro*, bem como caracterizar as células-tronco: "o processo pode ser descrito nas seguintes etapas: (i) a mulher é submetida a uma estimulação hormonal dos folículos ovarianos, de modo a produzir uma ovulação múltipla; (ii) os óvulos produzidos pela mulher são aspirados sob monitorização ecográfica via transvaginal; (iii) os óvulos são incubados e mantidos em cultura por cerca de quatro horas; (iv) o esperma do homem é colhido e manipulado para a seleção de espermatozoides; (v) os óvulos são fertilizados com os espermatozoides selecionados; (vi) os óvulos fertilizados (embriões) são observados e selecionados para implantação; (vii) os embriões selecionados são implantados no útero da mulher; (viii) os embriões excedentes e em boas condições são congelados (...) O conceito de células-tronco não é objeto de controvérsias na comunidade científica, podendo ser adotada a definição dada pelo National Institute of Health, órgão governamental americano responsável pelas políticas federais de saúde: são células não especializadas, que têm a faculdade de se renovar mediante um processo autônomo de divisão e se caracterizam pela possibilidade de, sob certas condições fisiológicas ou experimentais, transformarem-se em células de função especializada, como células cardíacas ou produtoras de insulina. (...) Dois são os tipos de células-tronco de acordo com sua origem, ou fonte: as células-tronco embrionárias e as células-tronco adultas." (Voto na ADI n. 3.510-0/DF, p. 20 e 27).

> Estou convencido de que este tema que nos ocupa põe em evidência a necessidade de criar mecanismos adequados de controle, uma limitação, no campo das pesquisas que avancem sobre o genoma humano."[169]

Percebe-se, desse modo, a ênfase no estabelecimento de limites à pesquisa científica.

O Ministro Menezes Direito destacou a necessidade da subordinação a valores éticos, que deveriam prevalecer sobre os argumentos meramente utilitaristas, ou sobre aqueles que pretendem tornar ilimitada a busca científica[170]. Enquanto a Ministra Ellen Gracie invocou o argumento utilitarista, o Ministro Menezes Direito negou a sua justificativa, considerando irrelevante o eventual descarte e propondo o que o Ministro Marco Aurélio, em voto já transcrito, mas prolatado em momento posterior, nega, que é a criação de limites pela via jurisdicional. Para tanto, invocou a relação entre ética e ciência, valendo-se do jusracionalismo de *Kant*, que, todos sabemos, separa o direito da moral, para acentuar que "os iluministas *Hume* e *Kant*, no século XVIII, procuraram sentar as bases de uma moral secular livre de conotação religiosa"[171].

Estabelecidas as premissas, o Ministro Menezes Direito passou a enfrentar o tema do início da vida e contrapôs à ideia de metamorfose, invocada no voto do Ministro Relator, a de potencialidade, na perspectiva aristotélica, de que "a atualização somente deixará de se verificar se algo externo se interpuser ao processo"[172]. Assim, "mesmo gerados através de um procedimento artificial, o destino dos embriões fertilizados *in vitro* é a implantação no útero. Uma vez criados, é essa a sua vocação natural. Sua potência, assim, em nada difere da potência encontrada naqueles embriões engendrados pela reprodução sexuada"[173]. E, justificando a afirmação de *São Tomás de Aquino*, de que "a animação se dava algum tempo após a fecundação (quarenta ou noventa dias, conforme o sexo)", sustentou que "isso dizia respeito à alma racional, ao entendimento", afirmando que "tudo isso só demonstra a potência (totipotência) presente no embrião desde o início e sua constante atualização"[174]. Assenta, então, os pressupostos sobre o início e fim da vida:

> "O embrião é, desde a fecundação, mais precisamente desde a união dos núcleos do óvulo e do espermatozoide, um indivíduo, um representante da espécie humana, com toda a carga genética (DNA) que será a mesma do feto, do recém-nascido, da criança, do adolescente, do adulto, do velho. Não há diferença ontológica entre essas fases que justifique a algumas a proteção de sua continuidade e a outras não.
>
> (...)

---

(169) *Idem*, p. 40/43.

(170) *Idem*, p. 45.

(171) *Idem*, p. 46.

(172) *Idem*, p. 54.

(173) *Idem*, *Ibidem*.

(174) *Idem*, p. 55/56.

> Com a morte, hoje reconhecida por convenção ao término da atividade cerebral, o homem perde a vida, mas não a sua dignidade. Essa dignidade seria, contudo, uma dignidade reduzida, que protege o corpo, o nome e outros atributos da pessoa humana, mas não impede sua violação em casos específicos."[175]

Em seguida, o Ministro opina pela inadequação do princípio da dignidade da pessoa humana para dar justificativa à decisão:

> "Toda essa discussão aponta para a inadequação da dignidade da pessoa humana como fundamento para a proteção do embrião, porque, repita-se, se a vida racional é que justifica o reconhecimento da dignidade, não há motivo para reconhecer dignidade no embrião.
>
> (...)
>
> A constatação é simples. Sem vida não há dignidade, e a dignidade é uma exigência da vida humana. Logo, o estatuto intermédio do embrião conduz a uma contradição, pois enquanto o reconhecimento do direito à dignidade depende de um 'transbordamento', para o direito à vida não se pede mais que reconhecê-lo sobre o que está vivo.
>
> É, pois, a vida que regulará a proteção merecida pelo embrião.
>
> (...)
>
> Na verdade, *o direito à vida tem extensão abrangente, que enlaça a dignidade da pessoa humana, justificando-a*. O embrião é vida, vida humana. Uma vida que se caracteriza pelo movimento de seu próprio e autônomo desenvolvimento, representado nas suas seguidas divisões, nas suas clivagens."[176]

Verifique-se que a argumentação do Ministro coloca a justificação da dignidade da pessoa humana no direito à vida. Esta é a premissa que orienta o voto do Ministro Menezes Direito: o direito à vida justifica a dignidade da pessoa humana. E prossegue, declarando que a solução da questão posta a julgamento é mais complexa do que o mero reconhecimento da existência de vida no embrião, devendo-se "apurar em sede constitucional o alcance da garantia da inviolabilidade do direito à vida e da dignidade da pessoa humana"[177]. Em sua opinião, o primeiro "comporta duas acepções: o direito de permanecer vivo e o direito à subsistência", e o Pacto de San Jose da Costa Rica, ao qual o Brasil aderiu, "garantiu, desde 1969, a proteção da vida desde a concepção (art. 4º, 1)", logo, "há que se determinar (...) se todo o texto do art. 5º da Lei n. 11.105/05 encobre uma violação da vida do embrião e, portanto, da norma constitucional que assegura a inviolabilidade do direito à vida"[178].

(175) *Idem*, p. 57 e 59.

(176) *Idem*, p. 60 (grifamos).

(177) *Idem*, p. 61.

(178) *Idem*, p. 62.

Estando em jogo a vida do embrião, não seria possível, juridicamente, uma prática que conduzisse à eliminação dessa mesma vida. A geração de células-tronco a partir dos embriões seria cabível apenas se não houvesse a destruição desses últimos.

De acordo com o Ministro Menezes Direito, portanto, "os embriões congelados a que se refere o inciso II do art. 5º da Lei n. 11.105/05 são embriões com vida. O método de extração de células-tronco embrionárias que acarrete a sua destruição violará o direito à vida de que cuida o *caput* do art. 5º da Constituição da República. No ponto exato em que o autoriza, a lei é inconstitucional"(179). O Ministro preconiza, entretanto, ser "possível compatibilizar a Lei com a Constituição, abrindo espaço para a pesquisa sem atentar contra a vida do embrião"(180).

Com base nessas considerações aqui brevemente reproduzidas, o Ministro Menezes Direito julgou parcialmente procedente a ação direta de inconstitucionalidade. Sua decisão deixa transparecer, ainda, o entendimento de que o Supremo Tribunal Federal, no controle de constitucionalidade, pode atuar como legislador positivo. A procedência parcial do pedido da ADI, no voto do Ministro, teve os seguintes termos:

> "1. No *caput* do art. 5º, declarar parcialmente a inconstitucionalidade, sem redução de texto, para que seja entendido que as células-tronco embrionárias sejam obtidas sem a destruição do embrião, e as pesquisas devidamente aprovadas e fiscalizadas pelo Ministério da Saúde, com a participação de especialistas de diversas áreas do conhecimento, entendendo-se as expressões "pesquisa e terapia" como pesquisa básica voltada para o estudo dos processos de diferenciação celular e pesquisa com fins terapêuticos;
>
> 2. ainda no *caput* do art. 5º, declarar parcialmente a inconstitucionalidade, sem redução de texto, para que a fertilização in vitro seja entendida como modalidade terapêutica para cura da infertilidade do casal, devendo ser empregada para fins reprodutivos na ausência de outras técnicas, proibida a seleção de sexo ou de características genéticas, realizada a fertilização de um máximo de quatro óvulos por ciclo e igual limite na transferência, com proibição de redução embrionária, vedado o descarte de embriões, independentemente de sua viabilidade, morfologia ou qualquer outro critério de classificação, tudo devidamente submetido ao controle e à fiscalização do Ministério da Saúde;
>
> 3. no inciso I, declarar parcialmente a inconstitucionalidade, sem redução de texto, para que a expressão 'embriões inviáveis' seja considerada como referente àqueles insubsistentes por si mesmos, assim, os que comprovadamente, de acordo com as normas técnicas estabelecidas pelo Ministério da Saúde, com a participação de especialistas em diversas áreas do conhecimento, tiveram seu desenvolvimento interrompido por ausência espontânea de clivagem após período no mínimo superior a vinte e quatro horas, não havendo, com relação a estes, restrição quanto ao método de obtenção das células-tronco;
>
> 4. no inciso II, declarar a inconstitucionalidade, sem redução de texto, para que sejam considerados os embriões congelados há 3 (três) anos ou mais, na data da publicação da

(179) *Idem*, p. 64.

(180) *Idem*, p. 69/70.

Lei n. 11.105/05, ou que, já congelados na data de publicação da Lei n. 11.105/05, depois de completarem 3 (três) anos de congelamento, dos quais, com consentimento, informado prévio e expresso dos genitores, por escrito, somente poderão ser retiradas células-tronco por método que não cause a sua destruição;

5. no § 1º, declarar parcialmente a inconstitucionalidade, sem redução de texto, para que seja entendido que o consentimento é um consentimento informado prévio e expresso, por escrito, dos genitores; e

6. no § 2º, declarar a inconstitucionalidade, sem redução de texto, para que seja entendido que as instituições de pesquisa e serviços de saúde que realizem pesquisa ou terapia com células-tronco embrionárias humanas deverão submeter previamente seus projetos também à aprovação do Ministério da Saúde, presente o crime do art. 24 da Lei n. 11.105/05 na autorização para a utilização de embriões em desacordo com o que estabelece a lei, nos termos da interpretação acolhida neste voto."(181)

O voto, que veio a ficar vencido, centralizou a questão no âmbito do direito à vida, como parece adequado, mas estabeleceu normatividade, inclusive penal, que extrapola os limites constitucionais da atuação jurisdicional, como expresso no voto do Ministro Marco Aurélio.

Por sua vez, a Ministra Cármen Lúcia, autora no tema dignidade da pessoa humana, em voto, que concluiu por julgar improcedente a ação, argumentou que:

"a ética constitucional vigente afirma o respeito ao princípio da dignidade da pessoa humana, do que decorre a impossibilidade de utilização da espécie humana — em qualquer caso e meio — para fins comerciais, eugênicos ou experimentais."(182)

Em sequência, visualiza a dignidade humana sob o ângulo dos beneficiários das pesquisas e descobertas:

"Nem se há de afirmar que haveria arbítrio no aproveitamento de células-tronco embrionárias, porque ali se tem uma substância humana, que se propõe seja utilizada para a dignificação da vida daqueles que se podem ver tratados com os procedimentos a que podem dar ensejo as pesquisas feitas."(183)

A dignidade é focalizada como um fim e alcança a comunidade destinatária das pesquisas, extrapolando a ideia de ser atributo da vida contida no embrião. A visão binária se coloca na "proteção da dignidade do embrião *vs.* grupo beneficiário das pesquisas"; enquanto no ADPF n. 54, na "tutela do feto *vs.* liberdade da mãe". Destaca-se do voto da Ministra Cármen Lúcia:

"De conceito filosófico que é, em sua fonte e em sua concepção moral, a princípio jurídico, a dignidade da pessoa humana tornou-se uma forma nova de o Direito considerar o homem e o que dele, com ele e por ele se pode fazer numa sociedade política.

(181) *Idem*, p. 84/86.

(182) *Idem*, p. 8.

(183) *Idem*, p. 19.

(...)

Na espécie em apreço, a célula-tronco embrionária põe-se, na legislação examinada, como uma dignidade, não havendo como lhe atribuir um preço."(184)

A Ministra Cármen Lúcia centralizou no princípio da dignidade da pessoa humana a fundamentação de seu voto, apresentando a dignidade como um superprincípio:

"Logo, a dignidade da pessoa humana é princípio havido como superprincípio constitucional, aquele no qual se fundam todas as escolhas políticas estratificadas no modelo de Direito plasmado na formulação textual da Constituição.

(...)

Daí que relativamente às pesquisas e aos procedimentos médicos da embriologia ou dos tratamentos de doentes deles dependentes, a ética e o direito passaram a considerar o princípio da dignidade da pessoa humana, de cada um dos diretamente interessados e do seu enlaçamento a todos os outros que convivem na mesma aventura humana. E até mesmo para os da espécie que vierem depois.

A espécie humana é agora constitucionalmente tomada em sua integralidade, pelo que alguns direitos fundamentais são considerados em sua potencialidade, quer dizer, em relação aos efeitos que poderá carrear para as gerações futuras..."(185)

Além disso, é dada relevância exatamente a um argumento deixado de lado pelo Ministro Menezes Direito: o fato de as células embrionárias não aproveitadas serem descartadas.

"A utilização das células-tronco embrionárias não aproveitadas no procedimento de implantação, travada assim para a sua potencial transformação em vida futura de alguém, poderá ter o destino da indignidade, que é a sua remessa ao lixo. E o mais nobre e o mais grave: lixo de substância humana. O seu aproveitamento, guardado o respeito às condições afirmadas na legislação enfocada, permite a dignificação da célula-tronco embrionária, que não será então descartada, antes, será transformada em matéria dada à vida, se bem que não ao viver.

(...)

E neste sentido é que concluo que a legislação posta aqui em questão não se desarvora da Constituição, nem se afasta do princípio da dignidade da pessoa humana."(186)

A questão posta em debate foi novamente delimitada no voto do Ministro Eros Grau. Para o Ministro, estava evidente a impossibilidade de não haver interferência dos valores pessoais e, inclusive, religiosos, de cada um. Eros Grau admitiu que "o

---

(184) *Idem*, p. 29.

(185) *Idem*, p. 34 e 36.

(186) *Idem*, p. 40.

processo de interpretação dos textos normativos encontra na pré-compreensão seu momento inicial, a partir do qual ganha dinamismo um movimento circular, que compõe o círculo hermenêutico" e que "decidiremos sob sentimentos herdados da nossa história pessoal, sentimentos éticos e, mais ainda, em cada um de modo diverso, de ordem religiosa". Não obstante, ponderou que "a fundamentação da decisão contemplada em cada voto será literalmente jurídica"(187), delimitando, então, a matéria objeto da ação: "o direito à vida e a dignidade da pessoa humana" (arts. 1º, III, e 5º, *caput*, da Constituição do Brasil). E acentuou:

> "O embrião — insisto neste ponto — faz parte do gênero humano, já é uma parcela da humanidade. Daí que a proteção da sua dignidade é garantida pela Constituição, que lhe assegura ainda o direito à vida.
>
> Bastam as razões que acabo de alinhar para encaminhar a conclusão de que a utilização de células-tronco obtidas de embriões humanos produzidos por fertilização *in vitro* e não utilizados no respectivo procedimento afronta o direito à vida e a dignidade da pessoa humana."(188)

A seguir, o Ministro Eros Grau sugere que esse entendimento não conduz, entretanto, à afirmação de inconstitucionalidade dos textos normativos. E isso porque:

> "Não há vida humana no *óvulo fecundado* fora de um útero que o art. 5º da Lei n. 11.105/05 chama de *embrião*. A vida estancou nesses óvulos. Houve a fecundação, mas o processo de desenvolvimento vital não é desencadeado.
>
> Por isso não tem sentido cogitarmos, em relação a esses 'embriões' do texto do art. 5º da Lei n. 11.105/05, nem de vida humana a ser protegida, nem de dignidade atribuível a alguma pessoa humana.
>
> Dir-se-á ainda, por outro lado, que o *topos* da dignidade da pessoa humana pode ser tomado para afirmarmos coisas distintas, inclusive antagônicas. Mas uma delas seria assim: *a utilização de óvulo fecundado congelado há mais de três anos, com a prévia autorização dos que viriam a serem pais do embrião que poderia dele decorrer, é adequada à afirmação da dignidade da pessoa humana na medida em que potencialmente permitirá a evolução dos métodos de tratamento médico do ser humano e o aprimoramento da sua qualidade de vida.*"

O Ministro Eros Grau conclui por declarar a constitucionalidade do disposto no art. 5º e parágrafos da Lei n. 11.105/05, mas, considerando a necessidade de restringir o exercício das pesquisas com células embrionárias, profere decisão aditiva, estabelecendo os seguintes critérios na aplicação da lei:

> "(i) *pesquisa* e *terapia* mencionadas no *caput* do art. 5º serão empreendidas unicamente se previamente autorizadas por comitê de ética e pesquisa do Ministério da Saúde (...)

---

(187) *Idem*, p. 3.

(188) *Idem*, p. 6.

(ii) a 'fertilização *in vitro*' referida no *caput* do art. 5º corresponde à terapia da infertilidade humana adotada exclusivamente para fim de reprodução humana, em qualquer caso proibida a seleção genética, admitindo-se a fertilização de um número máximo de quatro óvulos por ciclo e a transferência para o útero da paciente, de um número máximo de quatro óvulos fecundados por ciclo; a redução e o descarte de óvulos fecundados são vedados;

(iii) a obtenção de células-tronco a partir de óvulos fecundados — ou embriões humanos produzidos por fertilização, na dicção do art. 5º, *caput* — será admitida somente quando dela não decorrer a sua destruição, salvo quando se trate de óvulos fecundados inviáveis, assim considerados exclusivamente aqueles cujo desenvolvimento tenha cessado por ausência não induzida de divisão após período superior a vinte e quatro horas; nessa hipótese poderá ser praticado qualquer método de extração de células-tronco.(189)

O Ministro Cezar Peluso, quando do julgamento da ADPF 54, vinculou o sofrimento (da mãe) e a dignidade da pessoa humana, no sentido de que aquele pode enaltecer essa última. No julgamento da ADI n. 3510-0, o Ministro Cezar Peluso traçou os contornos da dignidade do embrião, a justificar proteção específica. De plano, observa que: "antes de declinar o extenso rol de direitos fundamentais do art. 5º, cujo *caput* assegura o direito à vida, a Constituição da República enuncia seus princípios fundantes no art. 1º, fazendo constar do inc. III a *dignidade da pessoa humana*". E justifica a aplicação do princípio em duas hipóteses, que assinala:

"Desta indiscutível premissa, segundo a qual a vida objeto da larga e genérica tutela constitucional é apenas a *vida da pessoa humana*, derivam duas teóricas linhas de raciocínio, conducentes ambas ao reconhecimento de permissão constitucional para pesquisas com células-tronco embrionárias: a primeira baseia-se em que o embrião não é, ou não é ainda, *pessoa*; a outra concebe que no embrião, congelado ou inservível, não há *vida* atual. E tais posições não são contraditórias, pois basta seja admitida a consistência lógico-jurídica de uma delas para ter-se por legítima a conclusão de constitucionalidade da norma ora impugnada. Como, para efeito da ampla e integral tutela outorgada da Constituição da República, deve haver *vida*, e vida de pessoa *humana*, a falta de qualquer um dos componentes desta conjunção invalida o fundamento básico da demanda."

No voto que proferiu, o Ministro Cezar Peluso afirmou o convencimento "de que o atributo de *humanidade* já está presente tanto no embrião, quanto nas demais fases do desenvolvimento da criatura". E distinguiu os embriões congelados, "que, desde o instante do congelamento, deixam de reger-se pela lei natural que lhes seria imanente", explicitando:

"Todas essas razões, segundo as quais os embriões isolados não são, já do ponto de vista biológico, portadores de vida atual, nem podem equiparar-se ou equivaler a pessoas *in fieri* ou perfeitas, sequer no plano moral, não vejo como nem por onde a regra impugnada, que lhes dá análogo valor e qualificação ao incorporá-los na experiência jurídica e

(189) *Idem*, p. 12/13.

autorizar-lhes a destruição em experiências científicas de finalidades terapêuticas, mutile ou ofenda o chamado *direito à vida*, objeto da tutela constitucional. Os embriões humanos ditos excedentários, não são, enquanto tais, sujeitos de direito à vida, nem guardam sequer expectativa desse direito."

Em sequência, considera, divergindo do entendimento do Ministro Relator — para quem a proteção dos embriões tem nível infraconstitucional —, que ostentam eles dignidade constitucional:

"Prefiro confrontar a lei impugnada com a Constituição, porque, como já antecipei, entendo provenha diretamente dela, ainda que em grau ou predicamento mais reduzido em comparação com os das pessoas, o substrato jurídico para o reconhecimento e garantia de específica tutela dos embriões, dada sua dignidade própria de *matriz da vida humana*. Noutras palavras, estou em que os embriões devem ser tratados com certa dignidade por força de retilínea *imposição constitucional. E o fundamento intuitivo desta convicção é a dimensão constitucional da dignidade da pessoa humana (art. 1º, III), enquanto supremo valor ético e jurídico, de que, posto não cheguem a constituir equivalente moral de pessoa, compartilham os embriões na medida e na condição privilegiada de única matéria-prima capaz de, como prolongamento, reproduzir e multiplicar os seres humanos, perpetuando-lhes a espécie.*"

O Ministro Cezar Peluso considerou, então, o direito à vida digna por parte daqueles que seriam beneficiados pelas pesquisas com células-tronco. Não obstante, entendeu necessário o estabelecimento de limites ao aproveitamento dos embriões, destacando também a importância de fiscalização da atividade por órgãos estatais. Mais uma vez fez-se presente a concepção de que a Corte pode atuar como legislador positivo, estabelecendo recomendações para outros órgãos do Estado. A argumentação e a conclusão do Ministro podem ser evidenciadas no seguinte excerto:

"A racionalidade da lei inspira-se também em outros valores de estatura cons-titucional, em particular o amplo direito à vida com dignidade daqueles cuja saúde, sobretudo física, depende de tratamentos que possam, eventualmente, resultar das pesquisas com células-tronco embrionárias.

(...)

... nem a Constituição nem a lei permitem produção de embriões humanos por fertilização *in vitro* senão para fins reprodutivos no âmbito de tratamento de infertilidade, nem tampouco o uso de excedentes em pesquisas ou intervenções genéticas que não sejam de caráter exclusivamente terapêutico (a).

(...) não obstante haja a lei instituído, para fiscalização e controle das múltiplas atividades regulamentadas incidentes sobre os chamados *organismos geneticamente modificados* (OGM), o Conselho Nacional de Biossegurança (CNBS), a Comissão Técnica Nacional de Biossegurança (CTNBio) e as Comissões Internas de Biossegurança (CIBios), além de prever a atuação de 'órgãos e entidades de registro e fiscalização', como os Ministérios da Saúde, da Agricultura e do Meio Ambiente, relegou os deveres substantivos dessa tremenda responsabilidade, quando tratou das pesquisas com CTE, apenas aos comitês de ética e pesquisa (CEP) das respectivas instituições e serviços de saúde (art. 5º, § 2º).

(...) Não sendo possível, no âmbito da função jurisdicional, nem a criação de normas, nem tal extensão hermenêutica em matéria criminal, será preciso acentuar, perante a ordem constituída, a responsabilidade penal dos membros dos comitês de ética (CEPs) e da própria Comissão Nacional de Ética em Pesquisa (CONEP/MS), nos termos do art. 319 do Código Penal (...) sem prejuízo de incorrerem nas penas de delitos previstos nos arts. 24, 25 e 26 da Lei n. 11.105/05, por omissão imprópria, quando, dolosamente, deixarem de agir de acordo com tais deveres (b).

(...)

Também tenho por indispensável submeter as atividades de pesquisas ao crivo reforçado de outros órgãos de controle e fiscalização estatal, declarando-lhes, expressa e inequivocamente, a submissão dos trabalhos, como da tribuna sugeriu a advocacia do Senado Federal, ao '*Ministério da Saúde, (o) Conselho Nacional de Saúde e (a) Agência Nacional de Vigilância Sanitária*', na forma que venha a ser regulamentada, em prazo que delibere a Corte (d).

Diante do exposto, julgo improcedente a ação direta de inconstitucionalidade, ressaltando, porém, que dou interpretação conforme à Constituição aos artigos relativos aos embriões na legislação impugnada, para os fins já declarados (*a*, *b* e *d*)."

O voto do Ministro Ricardo Lewandowski, a seu turno, reporta-se à corrente de pensamento que deu causa ao surgimento da Escola de Frankfurt, dedicada "a desconstruir o que chamou (referindo-se a *Horkheimer*, um de seus idealizadores) de 'razão instrumental', que leva à autodestruição da própria razão e ao fim do indivíduo, porquanto prioriza critérios de eficácia na escolha dos meios para atingir fins, sejam eles quais forem"(190). A partir desse entendimento justifica:

"É por isso que incumbe aos homens, enquanto seres racionais e morais, sobretudo nesse estágio de evolução da humanidade, em que a própria vida no planeta se encontra ameaçada, estabelecer os limites éticos e jurídicos à atuação da ciência e da tecnologia, explicitando e valorando os interesses que existem por detrás delas, para, assim, escapar à 'coisificação' ou 'reificação' de que falam *Habermas* e *Lukács*, na qual as pessoas, de sujeitos dessas atividades, passam a constituir meros objetos das mesmas."(191)

O Ministro Lewandowski registra preocupação com a defesa de direitos que seriam de quarta geração, decorrentes do avanço da "tecnologia da informação e da bioengenharia"(192), buscando definir os limites impostos ao Estado:

"Em outras palavras, a produção legislativa, a atividade administrativa e a prestação jurisdicional no campo da genética e da biotecnologia em nosso País devem amoldar-se aos princípios e regras estabelecidas naquele texto jurídico internacional (referindo-se à Declaração Universal sobre Bioética e Direitos Humanos da UNESCO), sobretudo quanto ao respeito à dignidade da pessoa humana e aos direitos e garantias fundamentais, valores, de resto, acolhidos com prodigalidade pela Constituição de 1988."(193)

(190) *Idem*, p. 10.

(191) *Idem*, p. 11.

(192) *Idem*, p. 12.

(193) *Idem*, p. 17.

O Ministro problematiza o tema do início da vida e da sua proteção admitindo que "a convicção pessoal acerca do início da vida pode variar em função da perspectiva gnoseológica adotada pelo observador"(194). Buscou arrimo no Pacto de San José da Costa Rica para defender a tese de que a vida se inicia com a concepção. Em sua opinião:

> "(...) no plano jurídico-positivo, há fortes razões para adotar-se a tese de que a vida tem início a partir da concepção. Dentre outras, porque a Convenção Americana de Direitos Humanos, o denominado Pacto de San José da Costa Rica, aprovado em 22 de novembro de 1969 e ratificado pelo Brasil em 25 de setembro de 2002, ingressou no ordenamento legal pátrio **não como** simples **lei ordinária, mas como regra de caráter supralegal ou**, até mesmo, **como norma dotada de dignidade constitucional**, segundo recente entendimento expressado por magistrados desta Suprema Corte".(195)

E, com esteio "na comunidade científica e no meio jurídico dos países desenvolvidos", sustenta a prevalência da "ideia de que os embriões, qualquer que seja o seu estágio de desenvolvimento, e não importando onde tenham sido gerados, merecem ser tratados de forma digna"(196). E enfatizando que o debate está centrado no **direito à vida**, "bem essencial da pessoa humana, sem o qual sequer é possível cogitar de outros direitos", comum a todos os seres humanos, preconiza que o foco principal da discussão "deve centrar-se na extensão em que se permitirá a manipulação do patrimônio genético dos seres humanos", conduta que deve se nortear inclusive pelo "princípio da precaução"(197).

O Ministro Lewandowski dedica o tópico n. 8 do voto ao postulado da dignidade humana, "matriz unificadora dos direitos fundamentais, a começar do direito à vida", indicando que a questão deve ser "analisada sob o prisma da dignidade humana, que constitui o núcleo axiológico de todas as declarações e tratados de proteção dos direitos fundamentais vigentes no plano internacional, assim como da grande maioria dos textos legais que tratam do tema no âmbito interno dos Estados"(198).

Nesse sentido, considera o princípio da dignidade da pessoa humana uma *baliza axiológica* que deve reger toda espécie de relações, públicas ou privadas, "dotado de plena eficácia jurídica, achando-se refletido em diversas normas de caráter positivo, formal e materialmente constitucionais", afirmando, inclusive, que, do preceito básico, "é possível deduzir direitos fundamentais autônomos, não explicitados no texto constitucional"(199).

E, para dar resposta à questão posta na Ação Direta de Inconstitucionalidade, de saber se a norma impugnada vulnera ou não a dignidade, valeu-se da classificação das

(194) *Idem*, p. 19.

(195) *Idem*, p. 20. O art. 4º, 1, da Convenção Americana de Direitos Humanos dispõe: "Toda a pessoa tem direito que se respeite sua vida. Esse direito deve ser protegido pela lei e, em geral, desde a concepção".

(196) *Idem*, p. 22/23 (grifamos).

(197) *Idem*, p. 24.

(198) *Idem*, p. 27.

(199) *Idem*, p. 29. O Ministro exemplifica com os arts. 170, 226, § 6º e 227, *caput*, da Constituição da República.

normas jurídicas em regras, princípios e postulados, para inseri-la (a dignidade) nestes últimos, que consubstanciam verdadeiras metanormas, "normas que estabelecem a maneira pela qual outras normas devem ser aplicadas". Em suas palavras:

> "A partir dessa classificação **é possível definir a dignidade da pessoa humana como um postulado normativo, ou seja, uma metanorma**, que confere significado aos direitos fundamentais, sobretudo ao direito à vida, considerado, aqui, como já assinalado, não apenas sob a ótica individual, mas encarado, especialmente, sob um prisma coletivo."(200)

Por isso que, na visão do Ministro Ricardo Lewandowski, a discussão extrapola os lindes formalmente propostos para abranger:

> "A disciplina das pesquisas genéticas e das ações de todos os protagonistas, sejam eles doadores de gametas, receptores de óvulos fertilizados, médicos ou cientistas, tendo como parâmetro a dignidade humana, enquanto valor fundante do texto constitucional."(201)

O Ministro considerou deficiente a redação do *caput* do art. 5º da Lei de Biossegurança e, assim, a inexistência de critérios para a realização de pesquisa que assegure a dignidade humana. Remeteu ao tratamento da matéria no direito comparado, em que, em geral, se verifica efetiva proteção do embrião, como a adoção de mecanismos impeditivos de sua geração tão só para fins de pesquisa. Acentuou que, no Brasil, a disciplina das técnicas de reprodução assistida *in vitro* está contida na Resolução n. 1.358/92 do Conselho Federal de Medicina. E propõe "que o art. 5º, *caput*, da Lei de Biossegurança precisa ser harmonizado com o postulado da dignidade da pessoa humana e com o direito à vida"(202). Segundo o Ministro:

> "Cuida-se ... de extrair, a partir da disciplina que o mundo civilizado e a corporação médica brasileira emprestam ao tema, o conteúdo ético-normativo dos comandos constitucionais que regem a espécie, em particular o constante do art. 226, § 6º, da Carta Magna, o qual estabelece que **o planejamento familiar**, arrima-se 'nos princípios da **dignidade humana** e da **paternidade responsável**'."(203)

Para o Ministro Ricardo Lewandowski, a indeterminação do conceito de "inviabilidade dos embriões" contida no inciso I, do art. 5º, da lei em exame, compromete a sua constitucionalidade. No mesmo sentido, o inciso II, ambos examinados sob o foco da dignidade da pessoa humana que tem como vertente a não discriminação. Em relação ao consentimento dos genitores, previsto no § 1º do art. 5º, é afirmada sua incompatibilidade com a dignidade humana e à submissão dos projetos de pesquisa tão só aos comitês de ética das instituições responsáveis por sua realização, prevista no § 2º do mesmo dispositivo, sua injuridicidade. O Ministro julgou procedente em parte a Ação Direta de Inconstitucionalidade para, sem redução de texto, conferir a interpretação que propôs, alinhando-se, com temperamentos, à corrente que veio a

---

(200) *Idem*, p. 31.

(201) *Idem*, p. 32.

(202) *Idem*, p. 42.

(203) *Idem*, p. 43.

ficar vencida, no sentido de estabelecer critérios para a promoção de pesquisas com células embrionárias(204).

O princípio da dignidade da pessoa humana foi utilizado como justificativa central do voto, quer para proteger o embrião, quer para assegurar aos beneficiários da pesquisa proveito resultante de procedimento consentâneo com a sua disciplina. Foi visualizado como metaprincípio ordenador dos demais e coletivamente sentido, à consideração do homem visto como centro do universo, na visão kantiana da supremacia.

3.4. Análise crítica: o princípio da dignidade da pessoa humana no contexto do direito como integridade

Ao tratar do tema do aborto, *Dworkin* admite que existe coerência na decisão que afirma ser o aborto moralmente errado, embora caiba à gestante a decisão sobre a interrupção da gravidez. Assim:

> "Não estaremos, porém, incorrendo em incoerência alguma se supusermos que as pessoas que condenam o aborto por considerá-lo moralmente errado estão, na verdade, baseando-se naquilo que chamei de explicação independente de por que é errado — em outras palavras, se supusermos que elas compartilham uma profunda convicção de que é intrinsecamente errado pôr fim deliberadamente a uma vida humana. É perfeitamente coerente defender essa ideia — mesmo em sua forma mais extremada, e ainda assim acreditar que a decisão de eliminar ou não uma vida humana no início da gravidez deve ficar a cargo da gestante, a pessoa cuja consciência está mais diretamente ligada à escolha, uma vez que será a mais atingida pelos riscos decorrentes de tal decisão."(205)

Dworkin divisa coerência nessa combinação de pontos de vista afirmando-os de acordo com a tradição de liberdade de consciência das modernas democracias pluralistas. Reconhece a natureza religiosa do debate travado acerca do valor intrínseco

---

(204) O voto do Ministro Ricardo Lewandowski teve a seguinte conclusão: "Em face de todo o exposto, julgo procedente em parte a presente ação direta de inconstitucionalidade para, sem redução de texto, conferir a seguinte interpretação aos dispositivos abaixo discriminados, com exclusão de qualquer outra:

(i) art. 5º, *caput*: as pesquisas com células-tronco embrionárias somente poderão recair sobre embriões humanos inviáveis ou congelados logo após o início do processo de clivagem celular, sobejantes de fertilizações *in vitro* realizadas com o fim único de produzir o número de zigotos estritamente necessário para a reprodução assistida de mulheres inférteis;

(ii) inc. I do art. 5º: o conceito de 'inviável' compreende apenas os embriões que tiverem o seu desenvolvimento interrompido por ausência espontânea de clivagem após período superior a vinte e quatro horas contados da fertilização dos oócitos;

(iii) inc. II do art. 5º: as pesquisas com embriões humanos congelados são admitidas desde que não sejam destruídas nem tenham o seu potencial de desenvolvimento comprometido;

(iv) § 1º do art. 5º: a realização de pesquisas com as células-tronco embrionárias exige o consentimento 'livre e informado' dos genitores, formalmente exteriorizado;

(v) § 2º do art. 5º: os projetos de experimentação com embriões humanos, além de aprovados pelos comitês de ética das instituições de pesquisa e serviços de saúde por eles responsáveis, devem ser submetidos à prévia autorização e permanente fiscalização dos órgãos públicos mencionados na Lei n. 11.105, de 24 de março de 2005".

(205) DWORKIN, Ronald. *O domínio da vida.* Tradução de Jefferson Luiz Camargo. São Paulo: Martins Fontes, 2003. p. 18.

da vida humana, mas compatibiliza o repúdio ao aborto e à eutanásia com a rejeição da criminalização das condutas respectivas.

Essa explicação supera a convencional, aquela em que se busca saber se o feto tem ou não direitos, em especial o de não ser destruído desde a concepção: "o problema de o aborto contrariar ou não os interesses de um feto deve depender da questão de saber se o próprio feto tem interesses no momento em que se faz o aborto, e não se tais interesses irão desenvolver-se caso o aborto não seja feito"[206].

Por outro lado, o ponto de vista independente daqueles que condenam o aborto por acreditarem que a vida humana se inicia com a concepção enfatiza o erro decorrente da destruição da vida humana, mas não valoriza o tema dos interesses do nascituro. A afirmação derivativa é que considera já ter o feto interesses e direitos próprios desde a concepção.

Com base na Décima Quarta Emenda à Constituição dos Estados Unidos, em que se declara que todas as pessoas devem ser tratadas como iguais, *Dworkin*, então, distingue duas situações:

> "Devemos, portanto, distinguir duas controvérsias possíveis a respeito do aborto. A primeira é uma discussão sobre o fato de o feto ter ou não duas propriedades moralmente relevantes: interesses, inclusive o interesse de continuar vivo, e direitos que protejam esses interesses. Se a resposta a esta primeira questão for afirmativa, então existe uma objeção derivativa ao aborto e uma justificação derivativa das leis que o proíbem ou regulamentam. (...) A segunda questão é diferente: pretende saber se o aborto é às vezes moralmente errado não por ser condenável ou injusto com alguém, mas pelo fato de negar e profanar a santidade ou a inviolabilidade da vida humana. Se a resposta a esta segunda pergunta for afirmativa, então existe uma objeção independente ao aborto e talvez uma justificação independente para bani-lo ou regulamentá-lo ainda que não haja nenhuma objeção ou justificação derivativa."[207]

No seu *O domínio da vida*, é exaustivo no exame dos aspectos pertinentes ao tema da dignidade da pessoa humana, ao tratar da vida, mais especificamente do seu fim, no aborto e na eutanásia, envolvendo o tema das liberdades individuais, o que acaba por revelar que o princípio alcança as esferas pública e privada.

Formula uma ideia com duas objeções ao aborto: a) *derivativa* — porque "pressupõe direitos e interesses que a objeção presume que todos os seres humanos têm, inclusive os fetos, e que deriva desses mesmos direitos e interesses", vale dizer, um feto tem direitos próprios; e b) *independente* — "uma vez que não depende de nenhum direito ou interesse particular, assim como não os pressupõe". A "vida humana

(206) *Idem*, p. 25.

(207) *Idem*, p. 32.

tem um valor intrínseco e inato; a vida humana é sagrada em si mesma; o caráter sagrado da vida humana começa quando sua vida biológica se inicia", estando protegida em "qualquer estágio"[(208)].

Refere que a discussão sobre o aborto tem relação intrínseca com o segundo tipo e que se trata "de uma discussão sobre como e por que a vida humana tem valor intrínseco, e que implicações tem isso para as decisões pessoais e políticas sobre o aborto", agregando "que a vida humana não tem apenas um valor intrínseco, mas também sagrado", "tanto em um sentido secular quanto convencionalmente religioso"[(209)(210)].

A propósito do direito à vida, registra que, "afinal, a responsabilidade fundamental do governo consiste em proteger os interesses de todos os membros da comunidade, particularmente os interesses daqueles que não podem proteger-se por conta própria"[(211)].

A argumentação de *Dworkin* considera que a vida humana tem uma base ao mesmo tempo secular e religiosa e que não tem relevância a questão dos direitos e interesses do feto, mas:

> "Exige que tomemos uma decisão sobre a questão mais ampla de saber se a Constituição deve ser entendida como uma relação limitada dos direitos individuais específicos que estadistas já mortos consideravam importantes, ou como um compromisso com ideais abstratos de moral política que deve ser explorado e reinterpretado em conjunto a cada nova geração de cidadãos, juristas e juízes."[(212)]

O próprio *Dworkin* reconhece que a ideia de que a vida tem um valor intrínseco e inviolável está vinculada à concepção de cada pessoa sobre o significado dessa ideia. Rechaça, por isso, ser a polêmica sobre o aborto uma questão de saber se o feto é uma pessoa com direito à vida desde a concepção ou em determinado momento da gestação. Repudia a possibilidade de ser realizado por motivos fúteis ou triviais, justificando-o por razões importantes, como "para salvar a vida da mãe e nos casos de estupro ou incesto, nos casos em se diagnosticou uma grave anomalia fetal, que torna provável, se a gravidez for levada a termo, que a criança só terá uma vida breve, sofrida e frustrante"[(213)].

---

(208) *Idem*, p. 13.

(209) *Idem*, p. 33.

(210) Dworkin ilustra: "muitos acreditam que um decreto papal de 1869, no qual Pio IX declarava que até mesmo um aborto prematuro podia ser punido com a excomunhão, marcou a primeira rejeição oficial da concepção tradicional de que o feto é dotado de alma algum tempo depois da concepção, e a adoção oficial da concepção atual da animação imediata", o que conferiu força à posição política da Igreja Católica Romana. (In: *O domínio da vida,* p. 62/63)

(211) *Idem*, p. 17/18.

(212) *Idem*, p. 34/35.

(213) *Idem*, p. 45.

Dworkin, então, faz uma análise da concepção religiosa e liberal para chegar à sua concepção íntegra sobre o aborto. Segundo ele, a concepção religiosa a ser considerada vincula-se ao pressuposto independente de que a vida humana tem valor intrínseco e não à derivada de o feto ser uma pessoa com interesses próprios[(214)]. O valor intrínseco da vida é que se opõe a toda e qualquer forma de interrupção da gravidez. Por outro lado, *Dworkin* identifica exceções liberais ao princípio de que o aborto é condenável. "Os liberais acham que o aborto é permissível quando o nascimento de um feto resulta em um efeito deletério sobre a qualidade de vida" (da criança ou da mãe e da família) e outros de igual tendência, "que levam em conta os efeitos da gravidez e do parto sobre a vida das mães"[(215)].

Nessa esteira de pensamento, o direito norte-americano reconhece aos cidadãos adultos o direito à autonomia na tomada de decisões, inclusive aos doentes. O autor, entretanto, adverte: "a autonomia exige que permitamos que uma pessoa detenha o controle de sua própria vida, mesmo quando comportar-se de um modo que, para ela própria, não estaria de modo algum de acordo com seus interesses"[(216)].

Com base nessas premissas, *Dworkin* explicita que a concepção de autonomia centrada na integridade "deve fazer uma distinção entre o objetivo geral ou o valor da autonomia, por um lado, e suas consequências para uma determinada pessoa em uma situação específica, por outro"[(217)]. Para tanto, é necessário identificar coerência entre as deliberações tomadas no presente e comportamentos pretéritos, prevalecendo a doutrina da autonomia precedente.

E, ao tratar especificamente do direito à dignidade, apresenta as seguintes reflexões:

> "Às vezes, por exemplo, significa o direito de viver em condições, quaisquer que sejam, nas quais o amor-próprio é possível ou pertinente. Aqui, porém, devemos examinar uma ideia mais limitada: a de que as pessoas têm o direito de não ser vítimas da *indignidade*, de não ser tratadas de um modo que, em sua cultura ou comunidade, se entende como demonstração de desrespeito. Toda sociedade civilizada tem padrões e convenções que definem essas indignidades, que diferem conforme o lugar e a época em que se manifestam."[(218)]

E prossegue *Dworkin*:

> "Em geral se acredita que esse direito à dignidade é mais fundamental e urgente do que o direito à beneficência (...), o qual, como enfatizei, é apenas um direito

---

(214) *Apud* DWORKIN, *Idem*, p. 92: Em 1992, o Tribunal Europeu de Direitos Humanos tomou uma importante decisão que também pressupunha que o feto não é uma pessoa com direitos ou interesses próprios, e que as leis que proíbem ou regulamentam o aborto só podem ser justificadas com base na premissa de que se considera que tal prática põe em risco o valor inerente à vida humana.

(215) *Idem*, p. 135 e 137.

(216) *Idem*, p. 318.

(217) *Idem*, p. 319.

(218) *Idem*, p. 333/334.

a que todos os recursos disponíveis sejam utilizados em favor do paciente. O direito à dignidade é mais imperativo: exige que a comunidade lance mão de qualquer recurso necessário para assegurá-lo.(...) Os demenciados têm direito à dignidade? (...) Uma vez mais, só podemos dar uma resposta a essas perguntas se aprofundarmos nossas reflexões sobre a finalidade do direito à dignidade quando o reconhecemos para os que desfrutam plenamente de sua competência. Por que nos preocupamos com a indignidade?

(...) Por que a indignidade é uma modalidade especial de injúria, seja autoinfligida ou infligida por outros, e por que parece ser pior quando não é reconhecida por sua vítima? Tenho argumentado que não apenas temos, em comum com todas as criaturas dotadas de consciência, interesses experienciais relativos à qualidade de nossas experiências futuras, mas também interesses críticos relativos ao caráter e ao valor de nossas vidas como um todo. Como afirmei, esses interesses críticos são interligados a nossas convicções sobre o valor intrínseco — a santidade ou a inviolabilidade — de nossas próprias vidas. (...) Quero agora sugerir que o direito de uma pessoa a ser tratada com dignidade é o direito a que os outros reconheçam seus verdadeiros interesses críticos: que reconheçam que ela é o tipo de criatura cuja posição moral torna intrínseca e objetivamente importante o modo como sua vida transcorre. A dignidade é um aspecto central do valor que examinamos ao longo de todo este livro: a importância intrínseca da vida humana."[(219)]

Dworkin distingue, desse modo, a dignidade da beneficência (esta vista como o direito daquele que necessita de cuidados de ter seus interesses fundamentais preservados e favorecidos), acentuando a ideia de que "a vida humana tem importância intrínseca e pessoal para os seres humanos"[(220)] e que é sagrada no sentido que expressou.

Considerando a ideia tão bem exposta por *Dworkin*, da santidade e da inviolabilidade de todas as etapas da vida humana, e, assim, dos diferentes posicionamentos acerca do seu início e do seu fim, é difícil estabelecer o que seria objetivamente correto, a) admitir a possibilidade da interrupção da gravidez no caso do feto anencéfalo, e, assim, proteger a dignidade da mãe, evitando o sofrimento de uma gestação infrutífera ou b) negar a existência de direito à interrupção à consideração de que seria indigno dispor sobre a vida intrauterina. Para ele, "a dignidade — no sentido de se respeitar o valor inerente de nossas próprias vidas — encontra-se no cerne de ambos os argumentos"[(221)]. Por isso, defende *Dworkin* "uma verdadeira apreciação da dignidade argumenta (...) em favor da liberdade individual, não da coerção; em favor de um sistema jurídico e de uma atitude que incentive cada um de nós a tomar decisões individuais sobre a própria morte"[(222)].

(219) *Idem*, p. 334/337.

(220) *Idem*, p. 340.

(221) *Idem*, p. 341.

(222) *Idem*, p. 342.

Nesse aspecto, verifica-se a importância de considerar o princípio da dignidade da pessoa humana no contexto do Estado Democrático de Direito. Extrai-se da posição defendida por *Dworkin* que só nesse modelo de Estado assegura-se a plena liberdade, direito fundamental vinculado à dignidade. Afinal, "uma Constituição que permita que a maioria negue a liberdade de consciência será inimiga da democracia, jamais sua criadora"[(223)].

Uma visão íntegra do princípio da dignidade da pessoa humana em um Estado Democrático de Direito, portanto, *liga-se diretamente ao princípio da liberdade. Dworkin*, inclusive, antevê o desdobramento de discussões sobre outros aspectos da vida humana e da liberdade, referindo-se à possibilidade "que algum dia as mulheres sejam encorajadas a engravidar apenas para produzir tecidos capazes de salvar vidas..."[(224)] o que diz respeito ao tema das pesquisas com células-tronco. E acentua:

> "Qualquer desses avanços, ou de dúzias de outros que podem passar da ficção científica para a rotina médica, nos forçaria a um confronto com as questões que até aqui examinamos — a importância relativa das contribuições natural e humana para a santidade da vida."

Tema que adquire relevo quando se trata de apreciar a posição do juiz na decisão, quando será chamado a expressar, certamente, acerca do "melhor entendimento possível do porquê de a vida humana ser sagrada e do lugar ideal que a liberdade deve ocupar em seu domínio"[(225)].

Essa reflexão tem relevância na perspectiva da reconstrução do direito e do exercício da função jurisdicional.

O direito como integridade, na nossa visão, admite complementaridade entre os princípios da dignidade e da liberdade, este compreendido naquele e rejeita a imposição de critérios valorativos por parte do julgador (isto é, concepções pessoais sobre o conceito de dignidade), distinguindo entre argumentos de princípios e argumentos de política, para considerar apenas os primeiros como justificativa à decisão.

Considera induvidoso que o ordenamento jurídico em geral, e a Constituição, em particular, protegem a vida. Mas qual vida: a mera vida (natural), ou a vida digna? Nessa esteira, o que é vida digna? A quem compete dizer o que é vida digna? Ao Poder Judiciário, ou ao próprio indivíduo interessado? Uma sociedade democrática, fundada em princípios que postulam a exigência de igual consideração e respeito pelos indivíduos não impõe justamente que esses mesmos indivíduos sejam reconhecidos como competentes (e livres) para decidir sobre seu próprio destino? Não são os próprios indivíduos que devem decidir se o sofrimento degrada ou não sua dignidade? O indivíduo não é livre para buscar a vida que entende digna?

---

(223) *Idem*, p. 343.

(224) *Idem*, p. 344.

(225) *Idem*, *Ibidem*.

A adoção da possibilidade condicionada da interrupção da gravidez, na hipótese de inviabilidade da vida humana, e da utilização das células-tronco embrionárias inservíveis à fecundação, para fins de pesquisa, promovem ou negam a dignidade da pessoa humana? Uma visão íntegra do direito reconhece dignidade, que não se contrapõe à santidade da vida, nessas circunstâncias, preservando a autonomia da vontade, como vista por *Barba Martínez*, apoiado na visão kantiana de respeito à dignidade de todos os homens: "a concepção formal de *Kant*, que fundamenta a dignidade na autonomia como postulado da razão, tem o grande valor de conectar dignidade, liberdade, autonomia e moralidade, edifício que desde então se manterá como explicação básica desta dignidade humana"(226).

Em momento algum se nega a proteção incondicional da vida. O que a integridade rejeita é a influência dos argumentos de política na tomada de decisões.

Em precioso estudo sobre a *Vida humana e esfera pública*, *Silvia Regina Pontes Lopes*(227) examina o tema da legitimidade do discurso judicial e a anencefalia no Brasil, e também o julgamento da ADPF n. 54, no contexto da teoria do discurso a partir da racionalidade comunicativa de *Jürgen Habermas*, conclamando que, sob esse prisma, "deve-se perquirir democraticamente o significado e os limites dos princípios de proteção à vida, da dignidade da pessoa humana, da legalidade, da autonomia da vontade, do direito à saúde e da liberdade de crença"(228). Invoca *Habermas*, para quem os magistrados, enquanto participantes de um discurso público,

> "(...) deve(m) abandonar a questão ética acerca de qual regulamentação é respectivamente a 'melhor para nós' do 'nosso' ponto de vista. Eles devem, ao contrário, assumir o ponto de vista moral e examinar cada regulação proposta buscando qual é a 'igualmente boa para todos' à vista da pretensão precedente a um igual direito de coexistência."(229)

E, afirmando que "a dimensão axiológica conferida pelos comunitaristas aos princípios jurídicos, em detrimento de seu caráter deontológico, compromete o pluralismo democrático"(230), *Silvia Regina* assinala:

> "Trazendo tais ilações para a específica discussão acerca da legitimidade da interrupção de gravidez de feto anencéfalo no Brasil, um discurso judicial que se volte para a superioridade do direito à vida do feto sobre a dignidade e a autonomia da vontade da mãe, ou vice-versa, subverte a legitimidade da atividade jurisdicional, conquanto dispõe de razões éticas de que apenas o legislador democrático ou o poder constituinte poderia dispor. Negligencia-se o caráter

(226) MARTÍNEZ, Barba. *Op. cit.*, p. 57.

(227) LOPES, Silvia Regina Pontes. *Vida humana e esfera pública* — contribuições de Hannah Arendt e de Jürgen Habermas para a questão da anencefalia fetal no Brasil. Belo Horizonte: Argvmentvm, 2008.

(228) *Idem*, p. 182.

(229) *Apud* LOPES, Silvia Regina Pontes. *Op. cit.*, p. 182.

(230) *Idem*, p. 181.

deontológico dos princípios jurídicos, que são equiparados a valores agrupáveis em um plexo axiológico fundado em um *ethos* fechado e irreflexivo."[231]

A autora também se reporta à perspectiva do direito como integridade, proposta por *Dworkin*, que, como já foi visto, se compatibiliza com a teoria do discurso de *Habermas*, complementando-a, e nega a possibilidade de preponderância de um princípio constitucional sobre outro, dado o caráter indisponível do direito:

"Enveredar-se-á pela descoberta dos princípios efetivamente incidentes, ou seja, aqueles que não conduzem a decisões conflitantes com a liberdade e com a igualdade a partir de elementos normativos de decisões pretéritas voltados para a construção de um discurso coerente e justo. Surge aqui o desafio da reconstrução democrática de uma identidade constitucional aberta e plural, que considera tanto normas e decisões judiciais passadas, quanto a presença de um auditório ideal de cuja aprovação a decisão final não poderá prescindir. A legitimidade da decisão é auferida tanto a partir da coerência com o tratamento de casos análogos e com o sistema de regras em vigor, quanto com o crivo de um auditório ideal, de sorte que seja aceita por todos como uma decisão comunicativamente racional."[232]

Em relação à ADPF n. 54-8/DF, assim, afirma-se a inconstitucionalidade da interpretação que conduz ao impedimento da antecipação terapêutica do parto em caso de gravidez de feto anencéfalo. Considera-se que o Código Penal (arts. 124 *usque* 128) estabelece exclusão da antijuridicidade do aborto terapêutico, para salvar a vida da gestante, e o praticado nos casos de estupro, não referindo a hipótese da anomalia em estudo, porque nem seria possível, à época de sua edição, obter diagnóstico precoce de anencefalia. O art. 3º, da Lei n. 9.437/97 (que condiciona ao **prévio** "diagnóstico de morte encefálica" a "retirada *post mortem* de tecidos, órgãos ou partes do corpo humano destinados a transplante ou tratamento"), deixa claro que a malformação congênita do feto que não apresenta os hemisférios cerebrais e o córtex o incompatibiliza para a vida, o que afasta a possibilidade de afronta quer ao direito à vida quer ao princípio da dignidade da pessoa humana, aplicado para afirmar precisamente a liberdade e a igualdade.

A conclusão a que chega *Silvia Regina Pontes Lopes* ajusta-se como luva:

"As previsões penais que autorizam os abortos sentimental e terapêutico são reputadas constitucionais pela doutrina e pela jurisprudência brasileiras. (...) Em situações como tais, em que a saúde física ou psíquica da mãe vê-se seriamente ameaçada por gestação brutalmente anormal, compreende-se que a vida do feto não seja juridicamente tutelável, incidindo-se, na hipótese, o princípio da dignidade da pessoa humana.

---

(231) *Idem*, p. 181/182.

(232) *Idem*, p. 185.

A afirmação jurisdicional de uma visão monolítica, metafísica e reificada de mundo carece de legitimidade democrática, incorporando um discurso materialmente religioso no seio da atividade jurisdicional. A questão deve ser decidida de acordo com os princípios jurídicos. Os princípios da dignidade da pessoa humana, da liberdade e da autonomia da vontade, do direito à saúde e de liberdade de crença, bem como as disposições dos arts. 14, 126 e 128 do Código Penal, aliados ao art. 3º da Lei n. 9.437/97, mostram-se relevantes para a construção do capítulo seguinte do romance até aqui escrito no direito brasileiro em matéria de aborto.

(...) Aquele entendimento sufragado pela jurisprudência pátria no sentido de excluir a ilicitude da conduta de abortamento no caso de gravidez resultante de atentado violento ao pudor corrobora o argumento de que seria igualmente possível reconhecer, por analogia *in bonam partem*, a incidência, na hipótese, de excludente de ilicitude."(233)

Com referência à ADI n. 3510-0-DF, afirma-se a harmonização do art. 5º, incisos e parágrafos da Lei n. 11.105/05, que disciplinam a utilização condicionada de células-tronco embrionárias para fins de pesquisa e terapia, com os princípios constitucionais da dignidade da pessoa humana e o direito fundamental à vida.

Decisão nesse sentido, no seu merecimento, revela coerência com a consideração da antecipação terapêutica do parto em caso de feto anencéfalo como excludente de ilicitude, razão de os argumentos desenvolvidos serem comuns às duas hipóteses.

Em ambas as situações, o princípio da dignidade da pessoa humana é interpretado segundo os princípios da liberdade, da equidade e da justiça. No primeiro, tutela-se a dignidade da mãe, física e mental, assegurando-se a liberdade e a autonomia da vontade individual; no segundo, o ordenamento jurídico, que, ao permitir as pesquisas com células-tronco embrionárias, afirmou a solidariedade e a igualdade, na proteção da minoria beneficiária dessas pesquisas(234).

Como bem acentua *Silvia Regina Pontes Lopes*: "a legitimidade da decisão é aferida tanto a partir da coerência com o tratamento de casos análogos e com o sistema de regras em vigor, quanto com o crivo de um auditório ideal, de sorte que seja aceita por todos como uma decisão comunicativamente racional"(235).

Focaliza-se, em relação à ADI n. 3.510-0-DF, argumento que foi utilizado no voto do Relator, Ministro Marco Aurélio, de a lei respectiva haver sido aprovada por 96% dos Senadores e 85% dos Deputados, o que reforça a legitimidade que advém do processo legislativo, no qual amplo debate se produz.

(233) *Idem*, p. 187/188.

(234) Invocou-se a dignidade da vida dos integrantes da comunidade beneficiária das pesquisas, no julgamento da ADI.

(235) *Idem*, p. 185.

O desenvolvimento de pesquisas tendentes à obtenção da cura de tantas e variadas enfermidades tem sido um denominador comum no mundo civilizado, observados, é certo, critérios éticos, direitos fundamentais e princípios constitucionais, que a lei ordinária, no caso, apesar de sucinta, não desrespeitou, pelas condicionantes que estabeleceu.

A aceitação racional da decisão decorre da afirmação da sua conformidade com o sistema de regras do ordenamento jurídico, que não comporta ampliações por parte do julgador[236]. Nesse sentido, por mais louváveis e oportunas que possam ser as determinações constantes de votos prolatados na ADI, agregam argumentos de política, privativos do legislador ou do poder constituinte, à decisão.

(236) Exceção a essa indisponibilidade é o Mandado de Injunção.

CONCLUSÃO

Em recente livro *Is democracy possible here? Dworkin* examina as duas dimensões da dignidade humana. A primeira, denominada "princípio do valor intrínseco", considera que cada vida humana tem um especial valor objetivo, que decorre da própria potencialidade da vida, independentemente de concretas realizações. A segunda, denominada "princípio da responsabilidade pessoal", diz com a responsabilidade individual pelo próprio sucesso, inclusive sobre o que cada um considera vida bem sucedida. Transcreve-se:

> "Cada pessoa tem uma responsabilidade especial pela realização do sucesso de sua própria vida, uma responsabilidade que inclui o exercício de seu julgamento acerca do tipo de vida que seria exitosa para si. Ela não deve aceitar que qualquer outra pessoa tenha o direito de ditar-lhe aqueles valores pessoais ou lhos impor sem o seu aval. Ela pode aceitar os juízos codificados em uma tradição religiosa em particular, ou aqueles de líderes religiosos ou textos, ou, ainda, decorrentes de uma moral secular ou de instrutores éticos. Mas essa aceitação deve resultar de sua própria decisão; ela deve espelhar seu juízo mais refletido acerca de como exercer sua responsabilidade soberana a respeito de sua própria vida."[(237)]

Para *Dworkin*, "o primeiro princípio parece uma abstrata invocação do ideal de equidade e o segundo de liberdade"[(238)].

Essas duas dimensões compõem o conceito de dignidade da pessoa humana, por isso devem ser conciliadas e não excluídas. Quando se disse que a liberdade da gestante na escolha da antecipação terapêutica do parto de feto anencéfalo deve ser assegurada, porque não há vida a ser preservada, sendo ela livre para escolher e dizer o que significa, para si, vida digna, nada mais se fez do que assegurar essas duas dimensões da dignidade.

Enquanto conceito, todos admitem, quer na jurisprudência, quer na doutrina, a proteção da dignidade da pessoa humana, mas várias concepções sobre o princípio são formuladas e estabelecidas. *Ronald Dworkin* propõe respeitar as diferenças.

Integridade, pode significar aceitar as diferenças e, na decisão, aplicar o princípio da dignidade da pessoa humana preservando essas diferenças e assegurando a liberdade e, assim, a leitura do direito como integridade de princípios.

---

(237) DWORKIN, Ronald. *Is democracy possible here?* — principles for a new political debate. Princeton: Princeton University, 2006. p. 10.

(238) *Idem*, p. 9/10.

Como ficou claro no decorrer da exposição, preocupa-nos a aplicação discricionária do princípio da dignidade da pessoa humana. Por ser um conceito vago, universal, inclusivo e abstrato, tem sido invocado, quer na jurisprudência, quer na doutrina, para os mais diversos propósitos. Essa postura universalista, de raiz basicamente alemã e bem difundida no Brasil, de buscar o sentido universal da norma, válido independentemente do contexto em que se insere, tem prevalecido na interpretação do direito em geral.

A ela contrapõe-se a teoria da integridade, ou imanente, de raiz norte-americana, aqui defendida, à aplicação do princípio da dignidade da pessoa humana, até como um contraponto, por valorizar o contexto e a cultura. Consiste em identificar o sentido situado da norma, considerando a história e a cultura do povo que a produziu. O intérprete e aplicador da lei está limitado pelo texto, pela cultura e história política do povo, mas, ao mesmo tempo, deve reconstruir seu conteúdo de acordo com o contexto, como se estivesse em um romance em cadeia. Esse método reduz a arbitrariedade judicial na definição do sentido da norma e garante segurança jurídica. Pressupõe um direito de o outro ser tratado com igual consideração e respeito e observa os princípios fundamentais da equidade, justiça e devido processo legal.

A teoria dos sistemas, bastante difundida a partir dos estudos de *Niklas Luhmann*, justamente ensina que argumentos de natureza econômica (bem como política, moral, religiosa, de funcionalidade etc.) não entram no debate quando se trata da aplicação do direito, ou, em termos sistêmicos, não são relevantes para a garantia de expectativas normativas mediante a alocação do código *direito/não direito*, específico do sistema jurídico. Do contrário, esse sistema operaria como uma mera extensão do sistema econômico (ou político, ou moral, ou, ainda, religioso etc.) e não cumpriria a função de garantir direitos (ou, melhor, expectativas normativas)[(239)].

Como combinar integridade e o princípio da dignidade da pessoa humana? Quais os efeitos dessa combinação? O limitativo, de negar a possibilidade de edição legislativa, decisão judicial, ato executivo, da própria comunidade ou de qualquer de seus integrantes, que contrarie o princípio. O positivo, que impõe a observância do princípio da dignidade da pessoa humana, estabelecendo, no caso concreto, direito individual, fundado tão só no princípio constitucional.

Na medida em que se visualiza o direito como justificativa para o exercício do poder coercitivo do Estado é que assume importância a premissa da integridade, como garante de legitimidade dessa coerção.

Nos casos difíceis, em que se apresentam lacunas ou aparente conflito normativo, é que se haverá de considerar a premissa do direito como integridade, segundo o qual "as proposições jurídicas são verdadeiras se constam, ou se derivam, dos princípios de justiça, equidade e devido processo legal que oferecem a melhor interpretação

---

(239) LUHMANN, Niklas. *El derecho de la sociedad*. Trad. de Javier Torres Nafarrate. México: Universidad Iberoamericana, 2005.

construtiva da prática jurídica da comunidade"[240]. E, assim como um romancista em cadeia, informa que os princípios não devem ser aplicados casuisticamente. Nas palavras de *Dworkin*:

> "uma interpretação tem por finalidade mostrar o que é interpretado em sua melhor luz possível, e uma interpretação de qualquer parte de nosso direito deve, portanto, levar em consideração não somente a substância das decisões tomadas por autoridades anteriores, mas também o modo como essas decisões foram tomadas: por quais autoridades e em que circunstâncias."[241]

Os princípios são vistos como verdadeiros enunciados deontológicos, incumbindo ao legislador a atividade de incluir no direito aspectos valorativos da sociedade, contemporâneos à elaboração da lei e ao juiz aplicar os princípios, inclusive o da dignidade da pessoa humana, de forma coerente e sistêmica, visualizada uma comunidade de princípios.

---

(240) DWORKIN, Ronald. *O império do direito*. Tradução de Jefferson Luiz Camargo. São Paulo: Martins Fontes, 2003. p. 272.

(241) *Idem*, p. 292.

REFERÊNCIAS BIBLIOGRÁFICAS

Acórdãos diversos com numeração referida no texto.

Acórdão do STF na MC e QO na ADPF n. 54-8- DF.

Acórdão do STF no HC n. 84.025/RJ.

Votos de ministros do STF na ADI n. 3510-0-DF.

ALEXY, Robert. *Teoría de la argumentación jurídica.* 2. ed. Traducción de Manuel Atienza y Isabel Espejo. Madrid: Centro de Estudios Políticos y Constitucionales, 2007.

______. *Teoría de los derechos fundamentales.* 2. ed. Traducción de Carlos Bernal Pulido. Madrid: Centro de Estudios Políticos y Constitucionales, 2007.

ARISTÓTELES. *A política.* 3. ed. Tradução de Nestor Silveira Chaves. São Paulo: Atena, Biblioteca Clássica, v. XXXIX, s/d.

ÁVILA, Humberto. *Teoria dos princípios.* Da definição à aplicação dos princípios jurídicos. 4. ed. rev. 3. tiragem. São Paulo: Malheiros, 2005.

BARCELLOS, Ana Paula de. *A eficácia jurídica dos princípios constitucionais* — o princípio da dignidade da pessoa humana. 2. ed. rev. e atual. Rio de Janeiro: Renovar, 2008.

BARROSO, Luís Roberto. Em algum lugar do passado: segurança jurídica, direito intertemporal e o novo Código Civil. In: ROCHA, Cármen Lúcia Antunes (org.). *Constituição e segurança jurídica:* direito adquirido, ato jurídico perfeito e coisa julgada — estudos em homenagem a José Paulo Sepúlveda Pertence. 2. ed. Belo Horizonte: Fórum, 2005.

BENVINDO, Juliano Zaiden. *Racionalidade jurídica e validade normativa*: da metafísica à reflexão democrática. Belo Horizonte: Argvmentvm, 2008.

CANARIS, Claus-Wilhelm. *Direitos fundamentais e direito privado.* Tradução de Ingo Wolfgang Sarlet e Paulo Mota Pinto. Coimbra: Almedina, 2006.

CARVALHO NETTO, Menelick de. Apresentação. In: ROSENFELD, Michel. *A identidade do sujeito constitucional.* Belo Horizonte: Mandamentos, 2003.

______. A hermenêutica constitucional sob o paradigma do estado democrático de direito. In: *Notícia do Direito Brasileiro,* Nova Série, Brasília: UnB, n. 6, 2º semestre 1998.

CASTRO, Marcus Faro de. *Política e relações internacionais.* Brasília: Universidade de Brasília, 2005.

CÔRTES, Osmar Mendes Paixão. *Súmula vinculante e segurança jurídica.* São Paulo: Revista dos Tribunais, 2008.

DARNTON, Robert; DUHAMEL, Olivier (orgs.). *Democracia.* Tradução de Clóvis Marques. Rio de Janeiro: Record, 2001.

DWORKIN, Ronald. *Domínio da vida*. Tradução de Jefferson Luiz Camargo. São Paulo: Martins Fontes, 2003.

______. *Is democracy possible here?* New Jersey: Princeton University, 2006.

______. *Levando os direitos a sério*. Tradução de Nelson Boeira. São Paulo: Martins Fontes, 2002.

______. *O império do direito*. Tradução de Jefferson Luiz Camargo. São Paulo: Martins Fontes, 2003.

______. *Uma questão de princípio*. 2. ed. Tradução de Luís Carlos Borges. São Paulo: Martins Fontes, 2005.

FIORAVANTI, Maurizio. *Constitución. De la antiguedad a nuestros días*. Traducción de Manuel Martínez Neira. Madrid: Trotta, 2001.

______. *Los derechos fundamentales*. 5. ed. Traducción de Manuel Martínez Neira. Madrid: Trotta, 2007.

GADAMER, Hans-Georg. *O problema da consciência histórica*. 3. ed. Tradução de Paulo César Duque Estrada. Rio de Janeiro: FGV, 2006.

______. *Verdade e método II*. 2. ed. Tradução de Enio Paulo Giachini e revisão da trad. de Marcia Sá Cavalcante Schuback. Petrópolis: Vozes; Bragança Paulista: Universitária São Francisco, 2004.

______. *Verdade e método I*. 8. ed. Tradução de Flávio Paulo Meurer e revisão da tradução de Enio Paulo Giachini. Petrópolis: Vozes; Bragança Paulista: Universitária São Francisco, 2007.

GRIMM, Dieter. *Constitucionalismo y derechos fundamentales*. Traducción de Raúl Sanz Burgos y José Luis Muñoz de Baena Simón. Madrid: Trotta, 2006.

HABERMAS, Jürgen. *Direito e democracia entre facticidade e validade*. 2. ed. Tradução de Flávio Beno Siebeneichler. Rio de Janeiro: Tempo Brasileiro, 2003. v. I e II.

______. *Era das transições*. Tradução de Flávio Beno Siebeneichler. Rio de Janeiro: Tempo Brasileiro, 2003.

______. *A inclusão do outro*. 2. ed. Tradução de George Sperber, Paulo Astor Soethe e Milton Camargo Mota. São Paulo: Loyola, 2004.

KANT, Immanuel. *Fundamentação da metafísica dos costumes*. Tradução de Paulo Quintela. Lisboa: Edições 70, 2005.

KELSEN, Hans. *Teoria pura do direito*. 6. ed. 5. tiragem. Tradução de João Baptista Machado. São Paulo: Martins Fontes, 2003.

KUHN, Thomas S. *A estrutura das revoluções científicas*. 9. ed. Tradução de Beatriz Vianna Boeira e Nelson Boeira. São Paulo: Perspectiva, 2006.

LOCKE, John. *Dois tratados sobre o governo*. 2. ed. Tradução de Julio Fischer. São Paulo: Martins Fontes, 2005.

LOPES, Othon de Azevedo. A dignidade da pessoa humana como princípio jurídico fundamental. In: *Estudos de direito público*. Direitos fundamentais e Estado democrático de direito. Porto Alegre: Síntese, 2003.

LUHMANN, Niklas. La constituzione come acquisizione evolutiva. In: ZAGREBELSKY, Gustavo; PORTINARO, Píer Paolo; LUTHER, Jörg. *Il futuro della Costituzione.* Tradução de Menelick de Carvalho Netto. Torino: Einaudi, 1996.

______. *El derecho de la sociedad.* Tradução de Javier Torres Nafarrate. México: Universidad Iberoamericana, 2005.

MARTÍNEZ, Gregorio Peces-Barba. *La dignidad de la persona desde la filosofía del derecho.* 2. ed. Madrid: Dykinson, Instituto de Derechos Humanos "Bartolomé de Las Casas", Universidad Carlos III, 2003.

PLATÃO. *A república.* 4. ed. Tradução de Albertino Pinheiro. São Paulo: Atena, Biblioteca Clássica, v. XXXVIII, s/d.

RADBRUCH, Gustav. *Filosofia do direito.* 5. ed. Tradução de L. Cabral de Moncada. Coimbra: Arménio Amado, 1974.

ROCHA, Cármen Lúcia Antunes. O princípio da dignidade da pessoa humana e a exclusão social. In: *Revista Interesse Público,* n. 4, 1999.

ROMITA, Arion Sayão. *Direitos fundamentais nas relações de trabalho.* São Paulo: LTr, 2005.

ROSENFELD, Michel. *A identidade do sujeito constitucional.* Belo Horizonte: Mandamentos, 2003.

ROUSSEAU, Jean-Jacques. *O contrato social.* Tradução de Paulo Neves. Porto Alegre: L&PM Pocket, 2007.

SARLET, Ingo Wolfgang. *Dignidade da pessoa humana e direitos fundamentais na Constituição Federal de 1988.* 5. ed. Porto Alegre: Livraria do Advogado, 2007.

______. A eficácia do direito fundamental à segurança jurídica: dignidade da pessoa humana, direitos fundamentais e proibição de retrocesso social no direito constitucional brasileiro. In: ROCHA, Cármen Lúcia Antunes (org.). *Constituição e segurança jurídica:* direito adquirido, ato jurídico perfeito e coisa julgada — estudos em homenagem a José Paulo Sepúlveda Pertence. 2. ed. Belo Horizonte: Fórum, 2005.